会话分析的发展与创新研究

陈安媛　著

吉林科学技术出版社

图书在版编目（CIP）数据

会话分析的发展与创新研究 / 陈安媛著. -- 长春：吉林科学技术出版社，2020.11

ISBN 978-7-5578-7899-3

Ⅰ. ①会… Ⅱ. ①陈… Ⅲ. ①语言分析 Ⅳ. ①H0

中国版本图书馆 CIP 数据核字（2020）第 220100 号

会话分析的发展与创新研究

著　　者　陈安媛
出 版 人　宛　霞
责任编辑　汪雪君
封面设计　薛一婷
制　　版　长春美印图文设计有限公司
开　　本　16
字　　数　200 千字
印　　张　9.25
版　　次　2020 年 11 月第 1 版
印　　次　2020 年 11 月第 1 次印刷

出　　版　吉林科学技术出版社
发　　行　吉林科学技术出版社
地　　址　长春净月高新区福祉大路 5788 号出版大厦 A 座
邮　　编　130118
发行部电话 / 传真　0431—81629529　81629530　81629531
81629532　81629533　81629534
储运部电话　0431—86059116
编辑部电话　0431—81629520
印　　刷　北京宝莲鸿图科技有限公司

书　　号　ISBN 978-7-5578-7899-3
定　　价　40.00 元

前言

会话分析因其独特的研究方法成为社会学研究的重要手段。但是，长期以来，由于过分强调以自然发生的语言为研究内容，会话分析的方法论优势未能得到很好的利用和发展。会话分析研究由最初的日常对话研究逐渐扩展到不同社会领域内，研究类型愈加多样，研究领域和话题内容更加丰富；在研究目的上，会话分析正逐渐转变成为以解决实际问题驱动的研究，其研究成果对于诸多社会热点、难题，及后续工作的有效开展具有重要意义和启示作用。

会话分析区别于其他学科的一个特征就是只使用通过录音或录像收集的自然发生的真实语料作为研究对象，而绝对不接受其他定性研究的语料收集方法，比如访谈、观察记录、角色扮演等，因为这些方法都无法准确记录在具体情景中发生的交际的细节，通过这些手段收集的语料很可能会被一些理想化的形式所代替、甚至是被研究者人为操控，另外，这些方法收集的语料也无法像录音或录像一样回放来争取同行的审视和认同。用真实录音、录像以外的方法收集的语料无法真实全面地反映所观察现象发生的多样性或代表性等。依赖直觉创造的语料就更有局限性，它一方面不可能呈现会话的细节，另一方面可能只想象出极具代表性的会话特征。通过实验方法收集的语料除同样具有上述不足外，实验者对相关自变量和因变量的识别、控制和处理都有很大难度，实验设计很难做到丝毫不受实验设计者思想的影响，而且实验者也不可能完全识别和控制影响人们交际细节的所有变量。另外，如果没有对自然发生的会话进行观察，就很难从实验发现中推断出人们在真实情景中的行为方式，也很难确定哪些实验发现是由于实验的情景造成的，因为要确定这些，就必须和自然发生的真实语料做系统的对比。所以，只有使用真实的言语交际作为语料才能避免上述语料收集方法的不足。

另外，使用自然发生的真实会话的录音、录像作为语料来源可以对交际进行重复且细致的观察，扩大观察的范围，提高观察的精细度。同时，其他研究者也可以通过听或看录音或录像的回放，来评判研究的发现是否客观，是否有说服力。这样，对会话的分析和研究就不是个人行为，而是由语言社团的成员共同完成的，从而在最大程度上减少个体的先入之见或分析偏差。另外，因为真实会话的录音或录像都是原始的语料来源，所以它们可以被不同的研究重复使用，也可以在有新的发现的情况下，再被拿来重新观察。自然发生的真实语料的这些优点都源于这种语料不是被研究者理想化的语料，也不受某一个具体的研究设计的限制，更不是参照某个理论或假设收集的，因为自然发生的真实会话不是为研究者的研究而产出的，即使会话分析研究者不研究它，它也客观存在。

因为会话分析是对人们日常行为的研究，目的是揭示人们日常行为的规律，尤其是基于自然会话的言谈应对的规律，所以只有观察自然发生的真实的语料才可能寻找到真正的规律性模式。任何非真实的、通过假设或想象创作的语料都不可能包括人们真实言语行为的所有细节。此外，任何以文学文本或影视剧作为语料来源的研究都不是严格意义上的会话分析研究。受创作人自身的经验偏好以及他们对观众各方面接受程度的考虑，很多出现在真实发生的自然会话中的现象都可能被过滤掉，这些都会影响社会科学研究的发现。在中国知网上查到的一些“会话分析”研究文章，使用的语料却是来自电视剧、文学作品等，只这一点就已背离会话分析研究传统了。

目　录

第一章　会话分析的发展

第一节　会话分析的缘起与进展

本节从会话分析的概念、会话分析的社会学溯源、国外会话分析的研究现状及最新进展、国内会话分析的研究现状四个方面对会话分析领域的研究进行了梳理。在梳理的基础上，本节最后指出国内会话分析的研究应一方面拓展研究领域，加强与社会学研究的融合；另一方面加强对汉语会话的研究。

一、会话分析的社会学溯源

会话分析（conversation analysis，缩写为 CA），也称谈话分析，是研究人类语言互动交际的一门学科，其研究对象包括日常生活会话以及机构会话，所谓“机构性会话”，是指会话中至少有一方是一个正式机构中的成员，并且谈话具有任务取向，如课堂中的师生之间、医院里的医患之间以及法庭中控辩双方之间的会话。

会话分析的概念由美国的社会学家 Harvey Sacks 和 E.A.Schegloff 在美国洛杉矶的自杀预防中心研究求助者的电话录音时共同提出。一般认为，这一研究领域的理论源头是社会学家 Garfinkel 所提出的民俗学方法论（ethnomethodology）和社会学家 Goffman 所提出的互动交际理论。

会话分析把会话看成一种社会实践活动，关注会话行为建构的方法，强调会话的本地意义（local meaning）和语境的重要性，这些都与民俗学方法论所持的观点一致。两者之间的关系具体体现在以下三个方面：（1）两者的研究范围都包括研究“常识的不可见性”（invisibility of commonsense）；（2）会话分析的话语序列组织（sequence organization）与民俗学方法论研究的指示性表达（indexical expressions）在一定程度上是同质的；（3）会话分析的过程很好地解释了民俗学方法论所关注的日常行为的“体验性产出”（embodied production）这一问题，所谓体验性产出是指日常行为由行为双方在行动过程中逐步构建，这一构建过程基于双方在行动过程中的即时理解和认知。

另一位对会话分析研究有重大影响的社会学家是 Erving Goffman。Goffman 的研究关注日常生活中人与人之间面对面的交际活动（face-to-face interaction），他认为对日常行为的恰当描述意义重大但极为困难。Goffman 的互动交谈研究强调语境的作用，关注个体的心理，并从日常仪式（ritual）和面子（face）的功能出发来解释日常交际。

Goffman的观点对Schegloff的会话研究产生了重要影响。作为会话分析研究的创始人之一，Schegloff在Goffman学说的基础上提出了会话分析研究的新视角。Schegloff认为Goffman有关礼貌和面子的概念是用来描述社会是如何运行的，但并不能描述社会行动的组成。相对于仪式，面子等概念而言，话轮转换，话语序列及修正这些概念是社会行为（social action）的组成部分，并使社会行为的协调（coordination）变为可能。此外，虽然Goffman也发现了日常会话中的序列结构，但他强调从功能方面研究日常行为和维持面子活动的规律，拒绝从形式化的角度去分析社会行动之间存在的“句法关系”。与Goffman不同，Schegloff在会话分析领域的研究大多集中于对会话行为之间“句法关系”的研究与探索。

与Schegloff相比较而言，另一位会话分析研究的创始人Sacks早期的演讲、著作表现出的倾向较为接近民俗学方法论的观点，而Schegloff对会话研究的成果更多表现为抽象的、形式化的分析，后者研究往往受到民俗学方法论学者的批评，他们认为会话分析对机构会话的研究更具有社会学价值。关于这一点，Schegloff认为，关注会话本身的组织结构，如话轮转换的组织和话语序列的组织，研究话轮中完成的行为以及行为完成的方式以及研究修正的机制，这样的研究本身就是在研究社会组织和社会结构，只是术语的表述不同。Schegloff认为会话分析可以继续关注会话与传统意义上的社会结构的关系，但这只是它的社会学职责的扩展，而不是它的基础。

从上述针对会话分析与社会学关系的分析，特别是其中针对Schegloff的批评以及他的回应可以看出，无论会话分析采用的是传统的民俗学方法论，还是Schegloff所走的“形式化”的路子，其研究都强调通过对会话的分析来揭示社会组织和社会结构，强调会话分析具有社会学的职责，这从我们下面将要讨论的国外会话分析的发展情况也可见一斑。

二、国外会话分析研究的发展阶段及最新进展

会话分析兴起于20世纪70年代初期，发源地是美国，两位领军人物是Harvey Sacks和Emanuel A.Schegloff。Sacks的主要研究成果收录在Lectures On Conversation这本论文集中，该论文集分七个阶段收集整理了Sacks的演讲材料和论文。另一位领军任务Schegloff著述颇丰，发表了近九十篇论文，内容涉及会话结构、会话修正、机构会话、会话分析的应用、会话分析与语法、会话分析与民俗学方法论等各个方面。除了Schegloff和Sacks的著作之外，Drew & Heritage是会话分析研究领域值得一提的一本论文集。该论文集包括四卷，收录了该领域从开创以来最主要的且已出版的研究成果。第一卷收录了早期与话轮转换和修正相关的论文；第二、三卷收录了中期会话分析研究相关进展的论文，这些论文主要研究日常会话中所包含的复杂社会行为；最后一卷收录的是把会话分析的理论和方法运用于其他研究领域的论文。

综合分析上述研究成果，会话分析的发展可以分为以下三个阶段：

第一阶段主要以Sacks为代表；他的研究致力于通过会话来分析日常活动的实践理性和社会认知的准则。这一阶段可看作是从民俗学方法论向会话分析的过渡阶段；

第二阶段主要集中于谈话轮次和话序的研究，即所谓的“标准会话分析”，具有很强的技术性和形式化特点；

第三阶段是近年兴起的“机构性会话研究”，这一方面的研究已成为会话分析研究的主流。

总体来看，会话分析研究主要有两种取向：其一是以 Schegloff 的研究为代表，这类研究以形式化为特点，认为会话中存在自足的系统和规则；其二以机构性会话研究为代表，通过会话这一独特的视角来分析组织和制度的实际运作过程和其中的权利机制。

为了近距离观察国外会话分析研究的发展近况，我们收集了 Pro Quest 博士论文数据库中美国高校 20 余年（1993 年至今）以会话分析为关键词的博士学位论文（共计 12 篇）。从研究取向来看，这些博士论文仍属上述两种取向的研究，但这些论文的研究内容比早期和中期的研究内容更为丰富。从内容来看，这些研究可大致分为以下三类：

第一类是会话分析视角的社会学研究。这一类研究以会话分析为研究方法，以日常言语交际或机构会话为研究对象，探讨身份、机构等社会问题，研究内容的时代气息浓厚，如 He 以美国大学里学业咨询中心的会话为语料，利用会话分析、系统功能语言学和常人方法学分析了会话语料，研究的目的在于探讨会话语境和会话之间的互动关系。作者认为，学业咨询中心这一语境中的参与者身份、他们之间的不平等和协作关系，他们所感知的真理和事实、态度和立场、场景的机构性（institutionality）都是基于会话双方的交际构建的，因此语境不是存在与交际活动之外，而是包含在交际活动之内。Tobias 以会话分析为研究框架，研究德国商业会议中的交际行为，重点是“老板”和“员工”的话语角色是如何在交际中得以体现的。论文的第二章研究话语标记语“ok”，作者认为这个话语标记语的使用与老板的角色紧密相关。Fearson 运用会话分析的研究方法研究机构会话，研究所采用的语料来源于机构会议场景中的会话，作者对这些会话进行了录像，研究的目的在于探讨机构是如何在成员的即席谈话中得到理解和描述的。

第二类研究是以会话为本体的研究，与早期研究相比，这类研究的内容已从早期研究中的话轮、序列这些基本概念拓展到了从会话分析的角度研究语音、语法和语篇层面的问题。如 Curl 研究的问题是实际会话中语音结构和话语序列之间的关系，研究的切入点是他者启动修正中词语重复的语音特征，作者认为语音在会话双方合作解决会话障碍的过程中扮演了不可或缺的角色，不同的语音特征与不同的话轮掌控和话语序列结构之间存在系统的联系。Yong-Yae 在会话分析的框架内具体分析了“但是”这个表对比的连接词在英语、韩语和日语当中的分布。论文所用的语料是三种语言的三段会话，每段会话时长 20 分钟。该研究的终极目标是探讨交际与语法的互动关系。

第三类研究是把会话分析的方法运用于其他语言研究领域的研究，这类研究在早期研究中较为少见。如 Lazaraton 的博士论文在会话分析的框架内分析口语测试中的问答形式（interview），研究的目的在于分析问答形式中的会话的特点，在此基础上探讨这种测试形式所测试的交际能力的本质。Huth 研究了学习德语的美国学生利用德语进行电话交谈的话语序列情况。作者研究的目的是探讨外语学习者是否能够以及如何习得另一种文化背景中的目标语的话语序列。作者认为这个研究为 CA 语料进入外语课程铺平了道路。

除上述博士论文的研究外，Have 探讨了会话分析在民俗学方法论、语言学、话语心理学、批判话语分析、女性研究等研究领域的应用。Richards & Seedhouse 收录了 15 篇把会话分析方法运用于其他研究领域的论文，这些领域包括医学领域的言语错乱（speech disorders）研究、不同场景的社会身份研究、跨文化交际研究、成人二语习得研究。Bhatia，Flowerdew & Jones 中介绍了会话分析在语言韵律、语法和副语言特征方面的研究进展。

从上述研究可以看出，国外会话分析领域的研究进展主要有如下四个方面的特点：（1）继续拓展和深化了对会话本体的研究，在早期研究的基础上，会话分析对语言现象的研究逐步拓展至语音、语法和语篇层面。（2）除研究语言现象外，会话分析的研究还引入了多模态的视角。（3）继续加大了与其他语言学研究领域的融合力度，如把会话分析的视角引入至语言测试、二语习得等领域的研究当中；（4）把会话分析的方法更加广泛地运用于社会学领域的研究，如身份构建的研究，女性研究、与批判话语分析的结合等。需指出的是，在这四个方面的特点中，通过对机构会话的研究来揭示机构的运行以及其中社会人之间的关系仍是会话分析研究的热点。

三、国内会话分析的研究现状及局限

按照内容来看，国内研究可分为如下 3 类：

（1）综述、介绍类的研究：如张荣建、沈蔚、刘运同，和于国栋等。其中，刘运同和于国栋的专著对 20 世纪 70 年代以来国外学者在会话分析领域的研究做了较为全面的归纳和综述。

（2）会话中的语言现象研究，如张廷国研究话轮转换；马文研究指称问题；李悦娥研究重复结构；陈新仁研究会话修辞等。这些研究主要以揭示汉语会话及其中的现象为特点，如刘虹的专著从语言学角度，批判吸收美国会话分析学派的理论和方法，研究汉语日常会话的结构和交际规则。该研究的特点在于：（1）专门研究汉语的会话结构；（2）区分了非程式化会话的结尾和程式化会话的结尾不同结构。马文的专著采用汉语戏剧会话语料，探讨会话者为了纠正会话交际中出现（或可能出现）的回指指代不清或误解而采取的指称修正行为。这两本专著运用会话分析的理论研究汉语会话现象，在一定程度上弥补了汉语会话分析研究领域的空白，但类似研究在国内相对较少。

（3）机构会话研究，如廖美珍研究法庭会话；徐尔清、应惠兰研究课堂会话。李祥云的博士论文利用会话分析的方法分析国内离婚诉讼案中女性话语的特征，以解释诉讼中性别权力的不平等现象。

与国外研究相比，国内会话分析领域的研究主要有如下两个特点：

（1）总体而言，国内会话分析研究中涉及机构会话的研究成果相对较少，社会学视角的会话分析研究还亟须加强。目前国内机构会话分析的研究主要集中在英语学习课堂和法庭会话两个方面，而对于国外关注的性别会话、媒体会话、工作场所会话、人机会话等方面鲜有研究。

（2）部分国内会话分析研究的语料仍采用自英语语料。此外，对汉语会话语料中现象的挖掘也有待进一步拓展和深化，如目前我们还尚未看到国内多模态视角的会话分析研究。

与国外的会话分析研究相比较，国内的研究视野较窄，对具体社会问题的关注还不够。作为微观社会学的研究工具，会话分析对语言的考察本身就是反思，通过理解语言的使用来理解社会的运作机制，从这个意义出发，语言研究涉及所有社会科学，在社会学研究正在经历“语言转向”的背景下，国内会话分析领域的研究应大有作为。

四、汉语会话分析研究发展趋势

当前的汉语会话分析研究较为多样，在会话分析理论型研究与应用型研究两大方面均有涉及。

首先，理论研究主要集中于对会话分析起源、研究内容、研究方法和研究步骤的介绍与描述。关于会话研究内容，当前汉语研究既包括对会话结构的详细分析，又有对会话策略的初步研究。其中，会话结构分析方面，基于言语行为理论的汉语会话分析研究受到学者推崇，其主要关注某一特定言语行为，是如何通过交际者选择的语言资源得以建构、并被交际对方识别与理解。当前基于言语行为理论的会话分析主要集中在毗邻应对、序列结构及整体结构层面，涉及汉语日常会话中的邀请 / 回应、称赞、请求、后悔、拒绝、抱怨、否定、赞美、恭维、威胁等行为。基本研究路径是借助自然语料对具体言语行为的会话结构和功能效用进行分析。会话策略方面，汉语会话分析主要是基于互动功能语言学范式的微观、中观研究，基本研究思路是通过自然会话、电话录音等语料对某一会话策略进行类型归纳与功能效用相关性分析。如高华、张惟 (2009) 结合会话分析的研究方法考察了“寻求核实”类附加问在共时系统中的各种话语功能；喻志强 (2015) 借助真实会话语料和例证分析，探讨了汉语中的话语标记语“你说呢”在不同语境条件下的四种语用功能; 乐耀通过具体的自然言谈实例来考察不同类型的“指称调节”在会话中的不同表现。另外，从语用会话原则视角进行会话描述性分析也受到学者关注。如对汉语会话中的格莱斯会话合作原则、礼貌原则等的探讨。其次，汉语会话分析应用研究主要集中在电话会话、网络聊天、手机短信、访谈节目、医患会话、庭审会话和二语教学等方面其中，在汉语教学领域，教材分析、语言测试、学习者个案和课堂互动教学研究等方面研究较为丰富。教材方面，主要研究路径是通过对不同教材中的对话进行统计，归纳相关结构类型，分析不同会话结构的语用功能，并对对外汉语教学提出一定建议；语言测试方面，主要集中在对面试官话语的研究，对面试官话语进行内涵与特征分析，进而拟建面试官话语评价标准；学习者个案方面，主要是针对不同国别学习者会话特点的描述性研究，如韩国留学生日常会话分析之个案研究，英汉儿童会话衔接对比研究，美国学生汉语会话考察等;课堂互动方面，研究主要集中在对不同水平、不同类型汉语二语课堂的话轮转换、修正策略、交际策略、会话结构和功能、言语反馈进行分析。

总体而言，当前汉语会话分析研究集中于会话的微观、中观结构，缺乏从宏观层面进行系统会话。

分析的实证研究。另外，研究设计不够系统，部分研究为例证性研究，数据说服力不够。而基于自然语料的研究多为方便性录音，样本量较小，代表性有待提高。

第二节 会话分析的行为观

会话分析遵循自下而上的质性研究范式，其研究目标之一就是描述行为及其完成方式。正确认识会话分析需要了解自然发生的会话中行为的定义、行为的辨识与描述、行为的构成与完成、行为的理解与说明四个方面的内容，进而了解会话分析对语料观察的基本方法，从会话常规中揭示言谈互动背后的社会秩序。

近年来会话分析在国内引起越来越多的关注，但许多国内学者对会话分析研究的方法和基本概念仍存在误解。会话分析以自然发生的会话为语料，尽管交际者的社会属性不同，谈话场合和内容也有所不同，但会话分析不对这些变量进行编码、量化或实验操作，而是认为从这些不同的语料中依然能够发现人们实施特定社会行为时在方法上的共性，即通过会话结构所表现出来的有序性。因此，行为是会话分析的出发点。国内对于会话分析的语料观和语境观已有系统的研究，而对于会话分析的行为观还有误解。本节旨在说明会话分析的行为观，避免误解会话分析的基本概念和研究范式，进而正确认识会话分析，推动汉语的会话分析研究。

一、行为的定义

自然发生的会话已成为社会学、人类学和语言学等学科持续关注的对象，会话分析 (Conversation Analysis) 自20世纪60年代于美国加州诞生至今已发展成一个跨学科的研究方向。以 Schegloff 为代表的社会学背景的会话分析学家认为，人们交谈不仅仅是信息交换，交谈本身就是一种实践，即人们如何运用语言和其他资源行事，例如邀请、道歉、请求等，并认为这些行为内在的秩序受社会规范制约。人类学背景的会话分析学者认为行为有符号属性、文化与个人属性、序列性和共建性。互动语言学家关注人们在交际时如何调动语言资源 (如语音、词汇、句法等) 和具身表现的多模态资源 (如眼神、手势、身姿等) 在动态中完成交际行为。不同学科背景的会话分析学者对于行为有几点共识: 第一，行为既是语言的，也是超越语言的。第二，行为处于连续和动态的语境中，语境本身也是互动行为的组成部分。第三，行为产生的序列性建立在社会规范之上。

国内多数从事会话分析研究的人员为语言学背景，对于语用学关于会话和行为的理论较为熟悉，但需要澄清的误解是，会话分析所研究的行为与 Austin 的言语行为理论 (speech act theory) 的行为不尽相同，主要体现在研究方法和研究对象上。言语行为理论从分析哲学角度出发，在说明人们如何以言语行事的方法上是演绎的，在研究内容上关注语言本身，例证并不是都来自于实际会话。而会话分析对于言语行为的研究方法是归纳的，这种归纳建立在言谈互动实证研究基础之上，研究对象是自然发生的言谈而非事先设计好的书面会话，不仅关注语言本身，也关注交际者在互动中如何调动非语言资源执行行为。

二、行为的辨识与描述

行为的辨识。行为的辨识 (recognition) 是理解行为和完成后续行为的基础。作为序列建构单位的相邻对 (adjacency pairs) 是识别交际者通过说话实施何种行为的最常见机制。例如，“呼唤—应答”序列、“问候—问候”序列等。行为的辨识需要考虑形式、内容 (包含语境和与话语同步的具身资源)、序列位置和先前序列的性质。通常人们在实施行为时不会刻意告知对方正在实施的行为，当言语的命题内容不能通过动词来判断言语所表达的行为时，听话人就要根据常识来辨识，这种推理以社会认知和规范为基础。有时不需言语，单凭具身资源也是可以行事的。例如，A 遇到熟人 B，伸出手并在空中挥舞，A 这个动作就可以被 B 辨认为打招呼。然而，并不是所有会话参与者都能观察到自己和对方行为的细节。因此，会话分析者就需要反复看视频、听音频，结合这些可观察到的语言和非语言细节来研究语料。

行为的描述。传统语言学主要运用内省法自上而下地对语言范畴进行分类，用一套先验 (priori) 的术语来描述语言范畴，这些术语不能客观地将互动的细节再现。会话分析对于行为的判定不是像 Austin 的言语行为先对其分类再进行描述，而是从小片段语料入手，再推进到大片段语料的序列，遵循这样自下而上的顺序。基于语料的实证性，会话分析的行为概念更为宽泛。例如，(1) 准备行为，包括宣告前 (pre-announcement)、请求前 (pre-request)、邀请前 (pre-invitation) 行为；(2) 修正行为；(3) 面向会话结构的行为，例如，会话开始，预先结束会话和结束会话行为等；(4) 其他行为，例如确认暗指行为 (confirming allusions)，即通过重复他人的解释来确认先前以间接方式暗指的事物。

从这个意义上来讲，行为的范畴是无穷尽的。会话分析研究目的不是从宏观上对行为进行分类，而是对行为展开自下而上的具体研究，因此对于行为的描述是经验性的。沿袭常人方法学 (Ethnomethodology) 方法论的描述性研究取向，会话分析认为行为和实践的细节构成的组织结构可以从微观社会学视角反映言谈交际背后的秩序。例如，Schegloff 用粒度 (granularity) 一词来说明会话分析对行为描述的细致程度。例如，会话中交际者会选择不同的方式表达人称指示语，可以用人称代词，也可以用不同精确程度的定语来描述所指示的人。

三、行为的构成与完成

行为的构成。话轮建构单位是行为的基本构成要素，说话人运用语言资源和其他资源来建构话轮，使得他人能够识别这些行为并进行回应。这些资源包括词汇、语音、韵律、句法、形态和其他语法形式、时间、笑声、呼吸、手势、眼神、身姿以及其他身体模态资源。这些行为构成的微小细节通过会话分析的转写符号体现，既反映交际的即席性和连续性，还突出非语言特征。当交际者获得话轮时，必然要考虑该如何构建所获话轮，也就是要对获得的话轮进行设计 (turn design)，以便可以被听话人理解为说话人想要表达的行为。行为与话轮之间的关系可以是一个话轮对应一个行为，也可以是一个话轮对应多个行为。

行为的完成。行为序列是完成行动步骤 (course of action) 的基本方法。行动步骤由超过两个以上的序列完成，通过多个话轮实现。除了最小双话轮相邻对序列作为基本的行为序列，行为的实施还通常伴随前扩展序列、插入扩展和后扩展序列等。无论是行为序列，还是由连贯的行为序列构成的行动步骤都遵循互动的基本原则——条件相关性 (conditional relevance)。行为的完成情况视交际者的实际情况而定。例如，说话人说了一句话，完成行为的前件，受话人在回应过程中突然放弃话轮，或者受话人的回应偏离了说话人对其行为的预期，或者受话人不回应，都可以使行为后件显性缺失，影响行为的完成情况。正如话语的内容和通过话语完成的行为之间有差异，行为序列和行动步骤之间也有差异。会话分析的研究目标之一就是通过描述可辨识的行为揭示这些差异，就需要进一步理解和解释说明这些行为。

四、行为的理解与说明

行为的理解。会话是互动的，需要交际者之间对于彼此的话语和行为的理解，即互解，这种理解直接表现在会话的序列结构中。当说话人说出一句话，这句话使得后续行为与之相关。听话人对此的回应表现出他对说话人话语的理解。于是，说话人在下一话轮就能检查自己的话是否完全被理解。为了确保会话的顺利进行，交际者需要实时确保是否相互理解对方正在实施或准备实施何种行为。然而，行为也不是都能被相互理解，交际者在说话、听话和理解的时候都可能遇到问题，比如发音不清、没有听清和理解有误，这时如果没有及时修正，那么说话人和听话人之间互解的进程就会受到阻碍而停滞。交际者对于行为的理解，特别是能否理解通过话语执行行为的隐含意义，关系到会话是否能够顺利进行。因此，互解是言谈互动组织的结果，是伴随会话的展开而产生的，具有偶然性、随机性和权宜性。

行为的说明。为了确保互解，交际者不仅需要理解对方行为的含义，也需要对自己的行为 (包括当前行为和先前行为) 进行解释说明。有些行为本身就具有很强的解释说明性 (accountability)。例如，同一话轮的自我修正行为说明自己的行为可能让对方感觉冒犯或者尴尬。如果后续行为与发话人期待的相关行为发生了偏离，为了理解行为，发话人也需要对自己的先前行为做出解释，

但有时候交际者避开说明自己行为的义务以达到特定交际效果。像这样的常见会话常规有三种：(1) 打电话时，为了询问对方姓名，先自报姓名而不是直接问对方姓名；(2) 通过陈述自己已知信息来获得对方信息，而不是直接向对方提问；(3) 向对方实施请求行为时通过描述自己的困难而不是直接提问。

会话分析采用“主位”(emic) 的观察视角，即作为会话分析研究者站在参与者内部去观察交际者如何相互理解。会话分析研究者对会话中行为的观察是一种不带动机的观察 (unmotivated inquiry)，对于行为的原因只作一般性解释。

会话分析在观察会话行为时，没有先入为主地参考理论框架，而是沿袭常人方法学的经验描述范式，强调所有交际者通过语言资源和具身资源实施的行为在序列语境中以及贯穿序列的社会互动意义。在描述行为及其完成方式时，会话分析侧重将分析者置于参与者的视角，寻求对行为的一般性理解和说明。行为的定义、行为的辨识与描述、行为的构成与完成、行为的理解与说明这几方面的内容反映了人们在实际的言谈交际中如何组织和理解会话。只有正确认识会话中行为的基本概念，才能找准切入点细致观察和分析语料，客观地把握交际规律。

第三节 会话分析与各邻近学科间的相互关系

本节通过追溯会话分析、话语分析、语用学和互动语言学的学科渊源，介绍各个学科的研究目的、研究内容、语境观以及研究方法，旨在比较的基础上探讨各个学科之间的相互交叉性和不同的研究取向，以便更清楚地认识会话分析这一研究范式。厘清会话分析与这些邻近学科之间的关系，有助于我们在开展会话语料研究时根据研究对象和目的有的放矢地选择研究方法，对我们今后语言研究和学习也有一定的借鉴意义。

会话分析始于20世纪60年代初，其发轫之作《话轮转换最简系统》（Sacks et al.1974）发表在西方语言学领域最权威期刊之一《语言》（Language）上。根据期刊编辑近年确认，此文为该刊史上引用率最高的文章（Drew 2013）。这篇文章的作者Sacks、Schegloff以及Jefferson正是会话分析的创始人。笔者以Conversation Analysis作为主题词在WOS数据库进行索引统计发现，关于会话分析的SSCI期刊文章数量从20世纪70年代的个位数，一路增长至2017年的1224篇，呈直线上升趋势，尤其2015—2017年连续三年年发表量都超过千篇，发展迅猛。而CSSCI期刊收录的会话分析文章无论在出现时间或是文章数量上，差异都较大。

虽然会话分析在国内起步较晚，增长幅度较缓，但因为会话分析研究涉及语言使用、语境以及交际互动，自然受到广大学者普遍关注，同时在展开会话分析研究时，也不可避免地在学科概念、研究方法和研究对象上与涉及语言使用的学科诸如话语分析、语用学、互动语言学等有所混淆。不同学科因学术理论背景不同，研究方法、研究内容也会有所差异。虽然跨学科、多视角研究能让我们看问题更全面、更透彻，但如果将研究取向本不同的研究目的和方法糅合在一起则会导致结果不可靠。本节尝试从学科渊源、研究目的和内容、研究方法、语境观几个方面入手，探讨会话分析与话语分析、语用学和互动语言学几个学科之间的交叉关系，以便在展开语料研究时，可以根据研究对象和目的有的放矢地对研究方法加以选择。需要指出的是，本节对相关文献进行梳理旨在厘清会话分析与这些邻近学科之间的关系，而不是做系统性或穷尽性分析研究，如有疏漏不妥，敬请指正。

一、学科发端与形成

话语研究的根源历史上可以追溯至古希腊时期的修辞学，当时研究的是公众演讲的艺术，怎样做到有效说服是古希腊先哲的关注点（van Dijk 2011）。现代研究中，话语分析（Discourse Analysis）作为术语最早出现在Harris（1951）的专著中，1952年他在《语言》上发表同名文章《话语分析》。相关研究早期集中出现在20世纪60年代中期到70年代，主要涉及符号学、人类学、社会学、语言学、人类语言学、社会语言学、语用学、会话分析、心理学、人工智能、认知心理学等多个人文科学和社会科学领域。

在话语研究发展过程中，有一个时间点需要特殊标记，即20世纪70年代初。彼时社会学学者越来越关注社会互动环境下的日常会话研究。以Goffman、Garfinkel为代表的社会学家提倡现象学和社会学研究，他们批判当时盛行的社会结构的宏观研究，号召将关注点转向日常社会互动研究，从微观层面对社会现实进行常识范畴的解释（van Dijk 1985）。Sacks 的课堂讲义以及 Sacks 等人 1974 年那篇引用率最高的文章加快了对日常会话研究的步伐，同时标志着会话分析作为学科正式形成。经过十年左右的发展，会话分析迅速成为社会互动研究的主要方法，研究成果涉及人类学、语言学、交际研究、认知科学、电子工程等多个领域(Heritage 2009）。

互动语言学产生于 20 世纪末 21 世纪初（Ochs et al.1996）。这门学科的形成可以说集结构主义语言学、语言人类学以及会话分析三家之长（Selting&Couper-Kuhlen 2001）。虽然发展历程较短，但因顺应语言研究科学发展的趋势，又有既定语言学研究理念、人类学文化视角和成熟的会话分析研究方法作为借鉴，互动语言学发展迅速，大批研究涌现。其中 Ochs、Schegloff、Thompson（1996）合著的《语法与互动》堪称互动语言学经典之作。

语用学最早见于 Morris（1938），他将符号解释为三种类型的关系，将语用学研究描述为符号与符号解释者之间的关系。20 世纪 70 年代初，受 Austin、Grice、Searle 等哲学观的影响，语言学理论研究出现了一个新维度——语言实用主义，至此语用学从符号学中独立出来，研究语言的使用。Austin 和 Searle 的言语行为理论，以及 Grice 的合作原则为语用学奠定了理论基础。

从学科形成时间来看，话语分析最早，会话分析和语用学大概相当，互动语言学是新起之秀。共性是它们都有跨学科的背景，区别是话语分析和互动语言学遵循“拿来主义”，多个学科的理论和方法兼容并包，而语用学和会话分析则有自成一体的理论体系，尤其会话分析还具有区别于其他学科研究的方法论，并为口语语料研究，如互动语言学、话语分析提供了借鉴。

二、研究目的、内容

会话分析与话语分析、语用学、互动语言学在研究目的和研究内容方面存在很大差异，这与学科渊源有着密不可分的关系。会话分析的学科背景是社会学，同时继承民俗方法学（ethnomethodology）①，旨在揭示社会成员言语交际背后的社会秩序，识别交际者在言谈互动中所执行的社会行为，并描述交际者在执行社会行为时所使用的会话常规（Sidnell 2013）。会话常规是一种语言或非语言的实现手段，是话轮设计所具有的区别性特征。在话轮或序列中处于特定的位置，决定话轮执行行为的性质。序列结构由话轮组成，话轮的单位是话轮构建成分（TCU）。社会行为、话轮设计及序列组织是会话分析的三大核心（Drew et al.2014）。在进行具体的语料分析时，这些核心体现在三个层面：1）序列分析，即确认交际者执行的社会行为；2）会话常规确认，即话轮设计如何选择语言 / 非语言手段以实现该行为；3）常规的作用及互解意义，即交际双方如何理解对方所言所行。日常会话分析和机构性会话分析是会话分析的两大研究传统。会话分析的首要兴趣点在于前者，因为日常会话是人类言语交际的主要渠道，更能够揭示会话常规。大量的日常会话分析研究成果可适用于机构性会话分析。机构性会话分析因定位于特定的机构目标而区别于日常会话研究，其成果能为机构性服务的改善提供有效指导，具有重大的现实意义（Drew&Heritage 1992）。会话分析的研究对象是自然发生的会话。

由于话语分析具有许多学科背景，其研究内容上存在着争议。Harris（1951，1952）提出话语是大于句子的语言。句子即话语的构成单位，话语分析是关于超句的结构研究，主要关注句与句之间的关联。这种跨越单句的语义连贯通过语法手段、词汇选择得以实现，但是忽略了实际交际时语音、语调所起的作用；虽然体现了结构性，但是忽视了话语与语境的功能关系。另外一种定义是将话语分析看作对“使用中的语言”（Brown&Yule 1983：1；Fasold 1990：65）的研究。这种定义打破了将话语分析描述为语言形式的局限，明确了语言使用的目的或功能；强调了语言和语境之间的相互关系，却又模糊了对语言和语境研究及对话语本身研究的界限。此外，Shiffrin（1994）将话语看作是最小单位。原因在于话语具有依境性，在语境中产生，这样的定义既具备大于话语单位的结构研究，又有与语言使用相关的功能研究。从这些定义的演变我们不难看出，话语分析的研究目标涉及三个方面：句法、语义和语用。话语分析的研究对象包括书面语和口语。

语用学在形成阶段受到哲学家的影响，根据语境的不同，话语具有额外意义或功能。Grice（1968）区分了自然意义和非自然意义，认为语用学研究的是非自然意义，又称为说话人意义，该意义区别于约定俗成的意义。交际互动不仅仅依赖于双方共享知识和约定俗成的意义，还需要交际者的认知能力以便对语境进行推断。Fasold（1990）认为语用学就是根据语境对意义进行推理。何自然、吴亚欣（2001）认为语用学研究如何理解和使用语言，如何使语言使用合适以及得体。因此语用学研究的是说话人意义，语言使用者在具体语境中如何选择合适的语言形式表达和实现交际意图。根据 Levinson（1983）的观点，语用学的研究内容主要包括：指示语、前提、会话含义、言语行为和会话结构等。在 Grice 提出合作原则之后，语用学的发展有了长足的进步，陆续出现了一系列理论，主要包括：关联理论、新格莱斯会话含义、后格莱斯语用、语言顺应论（Verschueren 1999）等。语用学研究对象既包括自然发生的会话，也包括通过内省方式获得的语料。

互动语言学提出，语言范畴和语言结构主要用于社会互动组织建构，因此要在社会互动情景下对语言形式和功能加以描述并解释。对语言结构的描述借鉴了会话分析的方法，建立在序列组织研究基础之上（Couper-Kuhlen&Selting 2017）。互动语言学的目标是描述语言和互动，即不同方式的语言使用如何形成语境，语境又如何对语言使用产生影响。互动语言学既从社会互动行为出发，研究语言如何作为资源，以实施行为；也将语言资源作为切入点，研究如何对语言进行组织，以实施社会互动。互动语言学的研究对象主要为日常会话。

虽然话语分析有着多学科背景，受到多种研究范式的影响，其定义经历了从结构研究到功能研究，再到既包括语言形式结构研究也包括互动功能研究，但研究“使用的语言”这一核心理念保持不变。同样地，会话分析、语用学及互动语言学也是对语言的使用进行研究，都超越了语言本身，从性质上而言都是功能研究。会话分析研究真实发生的言谈互动，而语用学初始研究单个话语，尽管后来有相当一部分研究关注真实情景下的语言使用并解决语言交际中出现的问题，语用学核心原则如 Grice 提出的合作原则及其准则用于解释合作原则违反后所产生的会话含义。语用学研究的意义既不是社会意义，也不是文化意义，而是表示意图的个人意义。而会话分析研究关注真实的语境，并以发生的（言语）社会行为佐证。换而言之，话语分析研究语言结构，语用学研究说话人意图，会话分析研究社会行为。

对于互动语言学而言，虽然在描述会话结构方面借鉴了会话分析话轮和序列建构理论，在方法论上借鉴了会话分析的语料处理方法，其目的是在社会情境下对语言的形式和功能加以描述并解释，落脚点与会话分析截然不同，相当于使用自然会话语料开展语言学研究。会话分析关注的不是语法形式，而是交际者如何通过使用会话常规设计话轮、组织序列，并实现交际双方的相互理解。在会话分析中，语法描述是为了更好地识别和区分会话常规。

三、语境观和研究方法

前面有述，20 世纪 70 年代初话语分析发展的大背景是语言研究范式的转移，民俗方法学、会话分析和语用学的出现将话语分析关注点从篇章结构转向语言使用研究。作为话语分析跨学科中的两个学科，会话分析和语用学也分别是话语研究的两种途径。因此，话语分析在语境观和研究方法上涵盖这两种不同的研究路向，此处不再赘述。互动语言学，因其借鉴会话分析的语料处理方法，语境观与会话分析大体相同，从下面分析可窥一斑。但由于互动语言学在研究目的、内容与会话分析不同，因而偏向于功能语言学的外部研究视角。

会话分析的语境观和研究方法沿承了民俗方法论，可以用三个关键词高度概括：映射（reflexivity）、自指（self-referential）和上下文语境（co-text）。具体说来，映射指语境与行为之间类似镜像式的相互关系，自指存在于自足的序列组织系统，会话分析语境是上下文语境，又称作内部语境，由言语互动交际各方共同建立，言语行为与语境相互作用，并随着言谈互动而不断变化（vom Lehn 2016：94-147；Schegloff 1993：193-197）。相对于内部语境的是包括交际者性别、年龄、身份等的外部语境。Drew&Heritage（1992：21）指出外部语境对交际者构建自己的话轮和理解对方话轮都有影响，但由于交际过程中语境并非固定不变，语境和交际者身份可以随着言谈应对的具体过程产生、发展并延伸。因此不能认为语境独立于交际者活动，或者在互动开始之前就已经预先决定了，因而会话分析在选定语料作为研究对象之前并不会参考具体的背景，如其他研究方法中的社会变量：身份、年龄、性别等。意图、信仰、动机、心理、个性这些因素也不在会话分析研究考虑的范围之内（吴亚欣、周晓丽 2015）。在对语料进行处理时，会话分析遵循的是主位（emic）研究方法，即参与者内部视角；与语言功能研究的观察者外部视角——客位（etic）路向正好相反。会话分析研究对语料的观察不带有任何先设动机，不受任何理论或假设的驱动，完全基于对大量自然发生的言语互动语料仔细观察基础上的归纳，是经验性研究。通过使用会话分析的方法，我们既可以开展单一行为的会话常规定量研究，也可以对个案做深入的定性研究（Heritage 2009）。

同时，会话分析还形成并完善了自成一家的方法论（ten Have 1990），主要包括语料收集及转写、研究对象的选择、根据常识理解选定对象、为上一步结果提供解释；寻找证据支持前面分析结果以及通过比较证实现有分析。会话分析非常重视言语交际的细节，强调语料发生的自然性。将真实发生的言语交际录音或录像并进行转写，转写内容不仅仅包括言语产出，还有说话时的停顿、吸气、音高变化等其他非语言信息。详尽的转写体系有助于在最大程度上还原真实交际场景，可用于多次反复观察研究，还为语料分析、话轮设计、序列结构、会话常规的确定以及结论的得出提供有效证据。目前国际上通用的转写体系为会话分析奠基者之一 Gail Jefferson 所创。

对语用学具有影响意义的早期格莱斯语用观提出的语境设想是交际双方遵守并奉行的普适原则，即合作原则及其四条准则。借助合作原则进行意义推理，再加上约定俗成的语义、言语或非语言语境、背景信息以及交际双方共享相关知识的前提假设，就可以预测会话含义（Grice 1975：50）。言语行为理论将语境分门别类，归入社会情境的不同层面，将文本条件和情境条件与言语行为类别相关联（Sperber&Wilson 1986：243 — 254）。格莱斯语用学将说话人意义看作依赖交际双方共享信念和假设的认知语境。关联理论的语境观和顺应论的语境观都在认知方面对话语解释做出了贡献。语用学研究理论假设在先，实证在后。

会话分析不假设交际双方共享知识，原因在于这样的推理结果可能与交际者原先意图有所偏差。它也不像言语行为理论那样，使用内省方式获得语料，并在此基础上对行为种类进行划分，而是在动态的语境中，根据回应方执行行为确认当前发话者所执行的社会行为。会话分析的语境是在互动交际中由交际双方合作实施、共同构建的动态语境。当前行为顺应当前语境，同时当前语境会构成下一行为，下一行为又会影响语境。会话分析的行为语境是双向的非静态的过程。以医患交际为例，会话分析认为医生和病人之间谈话发生的场所，如医院诊室，医生和病人的年龄、社会地位、性别等外部语境因素除非证明与医患交际本身相关，否则不纳入研究考量。只有涉及病人诉求、医生利用专业知识诊断的上下文语境才是与医患交际机构性研究相关的语境因素。在这样的内部语境中，医患身份是通过谈话构建出来的，与言语行为互为映射，不断改变。因此，也可以这样理解，发生在医院诊室中的医生和病人与专业诊疗无关的谈论不是医患机构性谈话，他们构建的身份不是医生和患者；而发生在其他地方的医患之间涉及专业诊疗的谈话则也可以是医患机构性谈话，此时交际双方构建的身份是医生与患者。

基于以上讨论，我们不难看出，会话分析在学科渊源、研究目的和研究内容方面与其他几门学科有着本质不同，研究方法以及语境观亦有独到之处。通过比较分析，我们可以看到会话分析与话语分析、语用学及互动语言学之间的交叉和重叠，能更好地理解它们之间的差异。这种比较能给我们带来的益处是，在开展纯正的会话分析时，根据研究目的遵循相应的研究方法，避免在会话分析中出现语言交际策略研究，或将身份、年龄、性别这样的变量先行代入，作为标准分类后再进行会话分析。如果这样开展研究，其结论一定是站不住脚的。

Heritage（2009）评价会话分析不仅仅是研究方法，更是一种研究范式。如果取之有道，可以推动其他研究的发展。事实上，会话分析已经影响到一些学科的发展，如互动语言学的研究正是建立在会话分析方法论基础之上；语用学研究越来越关注真实情境下的语言使用，倾向于使用自然发生的语料为分析对象；现在会话分析的一些研究成果也显示出与相应的传统语言研究不尽相同的结果（于国栋、梁红艳 2018），为探讨语言及语言使用研究提供了不同的视角以及可靠的保障。

第四节　语用学与会话分析之比较

语用学与会话分析都研究具体情景中的言语交际，但二者存在显著差异。文章从学科基础、研究内容、研究视角和目标、研究方法和语料以及语境观五个方面，对比、区分了语用学与会话分析。语用学源于语言哲学，主要对具体的语言使用现象和话语的产出和理解过程做出解释，研究方法和语料来源多样化，分析语料要基于语境。会话分析沿袭了人类方法学及社会学传统，侧重对会话的结构和模式进行发现和描写，是一种对自然发生的会话进行经验研究的方法，分析语料时不提前参考背景知识。

会话是言语交际的基本形式，也是语用学和会话分析共同关注的对象。在语言学领域，会话分析经常被划入语用学、社会语言学或语篇分析的范畴。在很多经典语用学著作中，会话分析都与指示语 (deixis)、会话含意 (conversational implicature)、预设 (presupposition)、言语行为 (speech act)、礼貌 (politeness) 等并列作为其中的一部分内容，会话分析被看作对“会话”结构的一种语用分析。然而，一些学者认为，会话分析是人类方法学的一个分支，与语用学有完全不同的研究内容、视角和方法，因此不应归入语用学，而应将其看作是一种独立的、专门研究语言使用或会话的社会学方法。尽管学者们对语用学与会话分析之间的关系持不同观点，却从未对二者之间的差异进行过详细讨论和系统研究。本节从学科基础、研究内容、研究视角和目标、研究方法和语料以及语境观五个方面，比较、区分了语用学与会话分析，旨在呈现出一幅有关语用学与会话分析的更全面的图景，使有关人士对二者的差异有更深刻的了解。

一、学科基础

语用学和会话分析都研究具体的言语交际活动，但在研究内容、视角和方法等方面有很大差别，其根源在于二者有不同的学科基础。语用学有着深厚的哲学渊源，而会话分析继承了人类方法学及社会学的传统。

语用学的诞生具有一定的社会学和认知心理学基础，但根本上来源于哲学对语言的研究。语用学所涉及的语言使用及其影响因素等内容曾在古希腊、古罗马时期以雄辩术的名义得以论述。20 世纪 30 年代，哲学家把研究重心转移到人类使用的符号上，出现了哲学的“语言学转向” (linguistic turn)，开启了哲学领域对语言的研究。Pragmatics 这一术语最早出现于

美国哲学家莫里斯 (C.Morris，1938) 的著作《符号理论基础》(Foundations of the Theories of Signs)。他提出了研究语言符号的逻辑–哲学方法，把符号学研究分为三个分支：符号关系学 (句法学)(syntactic)、语义学 (semantics) 和语用学 (pragmatics)。符号关系学研究符号与符号之间的形式关系；语义学研究符号与符号所指对象之间的关系；语用学研究符号与符号解释者之间的关系。后来，莫里斯根据当时的行为主义符号理论，对语用学的定义进行了修正，认为语用学是“符号学的一部分，它在伴随符号出现的行为活动中考察符号的起源、用法和功能”。

语用学发展成一门独立学科主要归功于哲学家奥斯汀 (Austin)、舍尔 (Searle)、格莱斯 (Grice) 等西方哲学日常语言学派代表人物对语言的研究。哲学家们早期关注语言逻辑，发现严密的形式逻辑不能完全解释自然语言，这使哲学转向了语言的实用主义 (pragmatism) 研究。奥斯汀“不满意语言哲学对所指、意义、陈述的真实和谬误的传统研究”，提出了言语行为理论 (Speech Act Theory)，这一理论后来得到舍尔的发展和完善，舍尔的言语行为理论主要反映在《言语行为：语言哲学论文》(Speech Acts：An Essay in the Philosophy of Language) 中。此外，格莱斯 (1975) 在《逻辑与会话》(Logic and Conversation) 中提出了解释会话含意的合作原则 (the Cooperation Principle)。这些理论为语用学的形成奠定了基础，并且成为早期语用学研究的核心理论。语用学的哲学根源不仅影响了语用学的研究视角，而且奠定了语用学研究方法中的思辨和理论概括的传统。

然而，会话分析是萨克斯 (Harvey Sacks) 和谢格洛夫 (Emanuel A.Schegloff) 在发展了戈夫曼 (Erving Goffman) 研究面对面交谈的社会学分析方法的基础上形成的，其形成还深受美国社会学家加芬克尔 (Harold Garfinkel) 提出的“人类方法学” (ethnomethodology) 的影响。人类方法学是 20 世纪 60 年代在美国流行起来的社会学流派，强调社会现象的具体性和社会行为的有序性，主张从分析人们的日常生活行为入手研究社会行为的意义。人类方法学认为社会结构是有序的，而且社会秩序体现在社会行为和社会成员的活动中。人类方法学的研究任务就是发现人们如何给社会行为和日常生活世界赋予意义以及如何构建社会组织结构。由于人们 (包括研究者在内) 都已经对自己日常生活的世界习以为常，要使其中的规律和秩序显现出来并非易事，为此，人类方法学家们发展了破坏实验 (breaching experiments)、变成陌生人 (becoming a stranger or novice) 等一些不同寻常的研究方法。会话分析继承了人类方法学的研究传统，只是把透视社会秩序的切入点聚焦在对日常会话的分析上，因为言谈应对 (talk – in – interaction) 是有组织的，不是杂乱无章的。Weeks(1995) 认为会话分析是“人类方法学的一个分支，关注会话的细节特征以及会话在创造和维持社会秩序方面的作用”。

二、研究内容

以会话形式展开的交际活动是语用学与会话分析共同的研究对象，但两个学科的具体研究内容却不相同。

在莫里斯提出“语用学”这一概念后，最早将语用学研究的对象具体化的是巴尔–系勒尔 (Bar – Hillel)。他认为语用学应该研究语言中“I”，“here”，“now”等指示词语 (indexical expressions) 的用法，因为要知道这些词语的确切意义，就必须了解使用这些词语的具体语境。这一见解使语用学研究有所突破，但却过于局限，因为需要语境帮助来确定意义的不仅是这些指示词语，还有可能是句子。后来，莱文森 (Levinson，1983) 在《语用学》(Pragmatics) 一书中比较全面、深入地归纳和论述了语用学研究的几个基本话题，包括指示语、会话含意、前提、言语行为和会话结构。这些专题之所以能成为语用学研究的基本内容，是因为它们都直接或间接地与语境和说话人意图的推导有关，而语用学正是研究语言使用者如何在具体语境中表达和领会交际意图的。80 年代后期，语用学研究发展迅速，不断涌现出新的理论和观点，如新格莱斯主义、关联理论、礼貌的语用研究跨文化语用研究等。此外，语用学研究也出现了认知和心理的倾向。

以上这些是英美学派语用学的研究内容。与此不同，欧洲大陆发展起来的语用学研究倾向于从社会、文化等宏观层面考察语言的具体运用。Verschueren(1999) 提出的顺应理论 (Adaptation Theory) 认为语用学没有基本的分析单元，而是从认知、社会、文化等角度对语言各个层面的功能性综观。语言使用过程实质上就是交际者顺应各种语境因素不断进行语言选择的过程，对于任何语用现象的描写和解释都可以通过语境顺应、结构顺应、动态顺应和顺应过程的意识突显程度 (salience of the adaptation process) 四个维度进行综合分析。

与语用学研究具体的语言使用现象或交际活动的整体过程不同，会话分析侧重对会话的规律和模式进行发掘并给予描写，包括会话的整体结构和局部结构。谢格洛夫和萨克斯 (1973) 认为，会话分析就是一种精致地、经验性地、形式化地描述社会行为之细节的自然的观察性学科。赫里蒂奇 (John Heritage)(1997) 将会话分析分为两种：一种把会话的开展当作一个实体来研究，另一种探讨社会机构在交际过程中是如何被处理的。Paul ten Have(1999) 把前者称为“纯会话分析”(Pure CA)，后者称为“应用会话分析”(Applied CA)。纯会话分析的内容主要包括社会行为和序列结构，对此进行研究的工具则包含话轮设计、话轮转换、会话修正、优先结构等。应用会话分析即对机构性谈话的研究，包括机构性谈话的参与者如何在词汇选择、话轮设计、序列组织、整体结构以及社会认知和社会关系等方面处理社会机构的方方面面，其中最主要的是社会机构赋予交际者的特定的身份和权力。

三、研究视角和目标

语用学和会话分析同样研究以会话形式展开的交际活动，但研究内容几乎没有相通之处，因为二者采用不同的研究视角，具有不同的研究目标。语用学源于哲学中对语言使用本质的探究，试图从社会、文化、认知、心理等角度对言语交际中的现象或整个交际过程做出合理的语用解释，其最终目标是透过语言使用规律揭示人脑的语言运作机制；会话分析继承了人类方法学试图揭示人类社会秩序性的传统，侧重从会话的结构和会话常规 (Conversational Practices) 出发，对会话组织的规律和模式进行捕捉和描写，以便发现会话行为背后人们赋予社会行为意义和构建社会秩序的方法。

语用学是一门研究如何理解和使用语言，如何使语言合适、得体的学问。语用学主要对说话人意义及语言使用现象和规律进行动态研究，发现其背后的语用机制，包括交际者如何根据语境选择合适的语言形式，以及如何通过选择语言形式和语用策略达到既定的交际目标。无论是英美学派从微观层面对具体语用现象的解释，还是欧洲大陆学派从宏观层面对语言使用过程和本质进行的理论构建，都是对言语交际中交际者使用语言的意图、动机以及内在机制的探究。

然而，会话分析在对执行特定社会行为的会话结构的模式和规律进行描写时，反对对交际者的意图、动机、情绪等进行假设或理论概括 (mind — reading)，主张从交际者言谈应对的细节中发现交际行为背后的影响因素。Paul ten Have 认为“会话分析对现有的有关人类行为，尤其是有关语言使用和言谈应对的抽象的、一般的理论持怀疑态度，因为这些通常过于个体化、理想化、简单化，无法解释人类行为的复杂性”。虽然侧重描写，会话分析也对描写出来的会话规律进行解释。语用学主要从认知或文化角度对人们理解话语或做出语言选择进行语用性质的理论概括，而会话分析进行解释的证据来源于会话本身，主要是当前话轮之后出现的话轮或序列。“下一话轮证明方法 (next — turn proof procedure)，是会话分析采用的最基本的方法。它可以保证会话分析试图说明的会话的规律性是由于会话参与者本身受规则的引导而产生的，而不是仅仅建立在分析者的假设之上”［30］。

四、研究方法和语料

根据不同的研究对象和目的，语言研究方法大致可分为三类：逻辑法、观察法和实验法。语用学研究整体上可分为两类：理论构建和实证研究。理论构建是指对某种语用现象做出假设和阐释，一般采用逻辑法; 实证研究指通过收集、分析语料，对已经提出的理论假设进行验证，一般采用观察法或实验法，其中观察法又可分为定性研究和定量研究。在语用学实证研究中，观察方法和实验方法相辅相成，观察法用于考察现象，发现问题；实验法则对发现的问题进行集中、系统的观察。

语用学中对语料进行收集的方法也很多，按对调查者的控制程度和语境的自然程度不同，大致可分为直觉法、引发法和实录法。

直觉法指被调查者根据自己的直觉对所给的语言形式进行语用判断，具体包括等级划分 (rating scales)、配对比较 (paired comparison) 和多项选择等。引发法指研究者通过某种途径引发受调查者产生特定的言语行为，具体包括话语完形 (discourse completion tasks)、角色扮演 (role play) 和面谈 (interview)。实录法是对真实情景中使用的话语进行实录分析。直觉法和引发法中被研究者的言语行为或多或少都受到干预和控制，相比较而言，实录法收集到的语料是最自然的。

语用学家们认为各种研究方法没有优劣之分，重要的是研究者所选的方法要适应其研究对象和研究目的。语用学研究更多应用演绎法，先提出理论假设，再运用上述语料收集方法，对理论假设进行证实或证伪。如关联理论就是一个基于认知科学提出的对人们理解话语的明说和暗含的认知过程进行解释的一个认知语用学理论，之后很多研究就是为验证这一理论而做的实证研究，如 Van de Henst & Sperber 等的研究。

会话分析本质上就是一种研究方法。Paul ten Have(1990) 将会话分析的具体过程分为七步：(1) 用录音或录像设备录制日常会话；(2) 对所录制的会话进行转写；(3) 根据需要选择要分析的会话片段；(4) 利用常识来理解要分析的会话片段；(5) 把对会话片段的理解明晰化；(6) 为上述分析提供证据支持；(7) 通过与其他例子比较证实现有分析。

从会话分析的研究过程，我们可以看出会话分析是一种经验 (empirical) 研究。会话分析关注自然发生的言谈应对中的细节，而不是通过现有的理论或假设分析、研究已有的语料。研究者首先要观察、记录交际者在自然发生的会话中的做法和行为，然后再依据自己日常生活的常识和理性对那些行为进行理解。交际者在会话进行中展示出来的对对方话语和行为的理解，为研究者理解和解释交际者的行为提供了可靠的证据。此外，研究者还可以通过反复比较研究对所得结论进行证实。

会话分析对语言事实的尊重以及重经验、重实证的特点从根本上决定了研究语料必须来源于自然发生的会话。会话分析研究者反对使用任何人为控制方法所产生的语料，包括上文提到的语用学研究中通过直觉法和引发法收集的语料。Heritage(1984) 指出，使用录音材料可以弥补和纠正直觉、回忆等语料收集方法的局限性，通过重复、细致地审视录音材料，研究者可以扩展研究的范围，增加观察的准确性。会话分析研究应用的是归纳法，通过对发生在自然情景下真实的言语交际的观察和分析，总结出人们在执行社会行为时的语言使用规律和会话组织结构。

语用学和会话分析都研究发生在具体情景中的语言使用行为，“语境”也必然成为它们共同的关注点。尽管二者对语境的认识有重合之处，但对语境的处理却不尽相同。

语用学中对语境的认识大致可分为三类：语境成分说、语境知识说和心理建构说。“语境成分说”认为语境是从具体情景中抽象出来的对语言活动参与者产生影响、系统地决定话语的形式、合适性和话语意义的一些因素［34］。Hymes(1972) 认为语境的组成要素包括参与者 (participants)、话题 (topic)、背景 (setting)、交际渠道 (channel)、语码 (code)、信息形式 (message form)、交际事件 (event)，等等。Verschueren(1999) 认为“语境成分”(ingredients of context) 或“语境相关因素”(contextual correlates) 包括语言使用者 (发话人和释话人)、心智世界、社交世界、物理世界、语言信道和语言语境。“语境知识说”认为语境是语言活动参与者所共有的、使听话人得以理解说话人通过某一话语所表达的意义的背景知识。Lyons(1977) 在讨论话语的合适性时归纳了构成语境的六个方面的知识，即交际者必须知道其在语言活动中所处的地位、语言活动的时间和空间、语言活动情景的正式程度、交际媒介的合适性、使自己话语与语言活动的主题相适合的知识以及使自己话语与语言活动的情景所属的领域和范围相适合的知识。何兆熊 (1999) 在 Lyons 研究的基础上，进一步把语境知识分为语言知识和语言外知识，语言知识包括对所使用的语言的掌握和对语言交际上文的了解，语言外知识包括背景知识、情景知识和相互知识。“心理建构说”指 Sperber & Wilson 对语境的界定，她们认为“语境是一种心理建构 (psychological construct)，不仅包括交际时话语的上文、即时的物质环境等具体的语境因素，也包括一个人的知识因素，如已知的全部事实、假设、信念以及一个人的认知能力”。

会话分析注重对会话结构和规律的描写，但这并不意味着会话分析不关注语境。会话分析创始人萨克斯、谢格洛夫和杰弗逊 (Jefferson)(1974) 曾明确指出，人类的言谈应对通常都是发生在具体语境中的，是交际者在具体语境中进行交流的产物。在交际过程中，语境不是固定不变的，交际者的言谈应对在受语境影响的同时也在创造新的语境。因而，会话分析对语境的理解是双向的、动态的。

具体来讲，会话分析研究中的语境分为两类: 内部语境 (internal context) 和外部语境 (external context)。内部语境就是言谈应对本身的序列结构，交际者构建当前话轮是在充分理解该话轮之前的言谈应对，尤其是该话轮之前的那个话轮的基础上做出的。同样，当前话轮构建成功以后，会自然成为后面话轮的内部语境，进一步影响后面话轮的内容和形式。外部语境包括言谈应对过程中所涉及的除内部语境之外所有与交际有关的因素，包括交际者的种族、性别、年龄、身份、心理等。这些因素与前面的内部语境共同影响、制约交际者话轮的构建。

语用学与会话分析语境观的不同之处在于它们处理语境的方式。与语用学结合语境对话语进行分析的方法不同，会话分析在分析选定会话片段之前不会参考具体的背景知识，除非这些背景知识在会话活动中反映出来，影响到会话的发展。概括来说，语用学是基于语境研究说话人意义和交际者的语言选择，而会话分析是通过研究交际者的话论设计和行为设计来捕捉语境因素可能有的作用和影响。

语言使用是语用学与会话分析的共同研究对象，虽然它们在以上各方面存在较大差异，但并无优劣之分。作为两个独立的学科，一方面，研究者们应该尊重两个学科的传统，在研究方法和概念术语的使用上保持该学科的内部一致性；另一方面，二者可以相互协同，共同发现人类使用语言的秘密。会话分析对会话规律、模式进行归纳、总结，语用学为这些规律、模式提供语用解释。此外，二者也应互相借鉴，比如，越来越多的语用学研究开始倾向于使用录音和录像的方法收集真实语料，以便使研究发现更加真实客观。

第二章　会话分析的内容研究

第一节　会话分析及语言选择的再思考

话语分析发展至今50年，作为一门研究语言使用的学科，在理论上和众多不同语言视角关联。多源的学科发展注定了其研究必定会融合吸取其他相关学科的优势和精华。而作为人类社会身份构建以及人际关系指示的语言选择，也在各个方面构成了各式各样的会话结构。同时语言选择也是会话策略的载体，由此研究者可以由此判断会话性质以及会话参与方态度等。二者的协作值得学者进一步关注。

一、会话分析 (conversation analysis)

会话分析作为呈现日常言语交际的一种方法，它通过特有的方法从众多日常言语交际谈话中解构社会解构。对自然语料以及其解构进行科学分析已经让会话分析受到越来越多的关注。在此领域的先驱人物分别是 Sacks 和 Goffman。前者在20世纪60年代关注自然对话的结构分析 (structural organization)。而后者从本土方法论 (ethnomethodology) 探究面对面交谈所遵循的规则。Verschueren(1995) 曾展望会话分析最终会发展为一项重要的研究项目旨在从日常交谈中发现并展示社会秩序的层级。

早期的会话分析主要关注两点，分别是语言部分的分类 (categorization) 以及语言序列解构研究 (sequential organization)。这类早期研究主要由 Sacks 以及 Schegloff 在1968年完成。他们研究电话交谈，把其重点放入了场景谈话 (institutional conversations)。在此阶段，电话的开头，结尾结构被清晰用序列的形式展现出来。从70年代开始，学者们更多的关注集中于场景谈话，比如法庭会话，会议会话等。会话分析的目的在于探究序列如何构成完整的对话。Levinson(2001) 曾把会话分析当作是研究如何人们所制作的对话 (utterances) 建构成完整的会话结构。会话分析能够处理话轮转换 (turn taking) 话轮修复 (repair) 以及由打招呼邀请等小策略 (strategy) 发起并构成的话语序列。

话轮 (Turn)。Sacks(1968) 第一次提出话轮的概念，但是并没有给出清晰的定义。长久以来，国内外学者关于话轮的概念各不相同。Sacks(1974) 提出话轮就是一个说话人 A 在另一个说话人 B 发话前所说的一切。之后 Leo Van Lier(1988) 指出话轮就是一个人单个说话人的发话时间，说话人精心安排用最少的重复或间隙完成发话。Yule(2000) 则认为话轮就是任何时候谈话参与者争夺发话权。各个学者都对这一概念进行了阐述，本研究采取 Sacks 最初所提出的概念。

话轮转换 (turn taking)。话轮转化系统通常被分为两个部分和一系列规则。Schegloff 和 Jefferson(1974) 曾指出话轮建构单位 (turn constructional unit) 是首要的成分。但同时他们指出随着场景的改变，话轮建构单位也会随之发生变化。会话是由话轮构成的，这其中包括句法单位，比如句子 (sentence) 小句 (clause)，它们被看作话轮的单位 (Levinson，2000)。第二个部分为转换关联地 (transition relevance place) 指的是谈话者话轮转换的地方 (shift)。从中可以看出，听者愿意倾听发话人的动力源自对话中永远存在转换关联地让听话者参与对话的可能变为现实。

Sacks 认为不论是三方参与的谈话或者两方参与的交流，话轮转换原则都可以适用任何社会交际中。通过此项原则，任何谈话人可以退出谈话，也使得新话题参与者得以继续话题。这其中并不会有过多的明显的界限 (boundary)。当说话人在即将转换的位置停止谈话，随后被当前说话人选择的新会话人或自我选择的新会话人将会参与谈话并继续对话。Sacks 指出话轮转化的实质就是部分管理系统 (local management system) 以及整体把控系统 (global management system)。因此，说话权的分配以及话轮的大小都在于参与者之间的竞争 (competition) 与合作 (cooperation)。在英语文献中被引用最多的话轮转换例子来源于 Schegloff 和 Jeffrson 在 1974 年的研究。

相邻对子 (adjacent pair)。一个话轮与其前面的话轮相关联 (related) 或者与其后面的话轮关联，这种现象被称作相邻对子。相邻对子是互相紧密联系的，典型的对子 (stereotypical pairs) 通常是一些言语行为 (speech act)，这一点也可以看作是会话的特征 (Schegloff，1973)。相邻对子通常由第一个话轮以及另一个说话者发起的新话轮构成。即将出现的第二话轮通常是基于前一话轮的背景 (theme)。相邻对子也可以看作是由两个话语构成的最小话语序列 (Sequence)。相邻对子还有一些特点，位置上必须是相邻的，必须由不同的说话人发出，保持先后顺序，第二部分必须紧扣第一部分。

McLaughlin(1984) 辨识出几种相邻对子，第一部分必须能够引出第二部分的关联对答 (addressed)。这些分类如下，问答对子 (question-answer)，号召回答对子 (summons-answers)，打招呼回应招呼对子 (greeting-greeting)，赞美接受拒绝对子 (compliment-accept/reject)，要求批准否决对子 (request-grant/deny)，挑战回复对子 (challenge-response)。有条件的关联这一概念引领着相邻对子，因为第二部分是紧随第一部分进行的。但是并不是所有第一部分都会引来第二部分的回答。在这种情况下，插入对子 (insertion sequence) 将会出现插入在相邻对子之间。这种序列的可呈现为 Q1Q2A2A1，其中 Q2A2 被叫作插入对子或插入序列来割开 Q1A1 的相邻对子。A1 会在最后出现，因为插入对子的出现，必将带来对 Q1 对应的回答。

二、语言选择

双语现象 (bilingualism) 的研究者一致认为语言选择是一种社会行为 (social behavior)，而并非片刻随意选择的结果。各个学者观点的区别在于完成对话的概念化以及管理顺序 (Li，2000)。在世界上许多国家，社会身份构建 (identification) 是由于语言选择所完成的。在语言库 (linguistic repertoire) 中选择一种或几种语言，说话者展现并定义自己的社会关系。事实上，一整个国家都可以由本国人所使用的语言决定的。对于多语者 (multilingual) 来说，语言选择并不是唯一的一种有效的交流方式同样也是身份构建的方式。我们通过语言选择来保持以及变化种族边界以及人际关系。同时，我们也在政治历史的背景下构建我们自己。

语言选择指的是在多语言的言语社区 (Speech community) 中，人们选择的特定语言形式或者语言变体 (variety)。根据 Verschueren(1990) 指出，语言选择就是利用语言。Labov(1972) 提出在语言选择和个人身份以及社会行为中存在干预的关联 (intervening link)。语言选择同样也被社会背景以及特定语域 (domain) 所限制的 (Li，1994)。Gal(1998) 认为在人类在参与社会变革中所选择的语言形式。Gumperz(1960) 则指出语言选择的变化是根据情景变化得来的，比如说改变参与背景以及活动类型。最后，即便是参与者与背景同样不变的情况下，语言选择的变化是为了达到特别的交流效果。

在 Scotton 的研究中，她同样发展了这一概念，即，语言选择是人与人关系间的一种展现 (symbolic)。Auer 从新的框架中看语言选择来自管理社会关系以及完成对话目标。这一分析为社会语言学研究语言选择提供了一项新的选择。

语码转换 (codeswitching)。在同一对话中使用多于一种语言或语言变体，这种现象对于全球的双语人或者多语人来说是一件社会常事 (norm)。人们说话时被要求使用特定语码，说话人同样决定从一种语言转换到另一种语言 (Li，2000)。在多语言环境中，语码转换在日常生活中很常见，因为人类生活在需要语言交流的社会。Scotton(1992) 认为语码转换也是一种语言选择。在一种句子中使用不同语言变体。既可以为句子也可以成为词语。Muysken(1995) 指出语码转换是双语者或多语者在对话中的选择。Gumperz(1998) 认为语码转换在同一对话中或交流中，存在着两个语法体系或次语法体系不一样的语言。Gal(1998) 认为语码转换是一种会话策略，用它来建立或者摧毁社会群体边界。这种定义主要来源于在社会情景中语码转换的功能。

语域理论 (domain theory)。Fishman(1965) 曾提出和什么人说什么话。这个问题并不是有关双语话题同样也是研究社会中的语言。对于这个问题的回答方式就反映出了 Fishman 的语域理论。这一理论指的是围绕一个特定主题的一系列情景特点以及其社会行为，而语言选择就是其中的一种社会行为。除了 Weinreich(1953) 的早期工作，Fishman 试图把社会标准的分析和对语言使用的期待加以链接。他的分析集中于稳定的语言选择或者适当的语言使用。他试图连接特定的语言选择与活动背景在一个社会中或者多种文化笔记。Fishman 分出了家庭语域，朋友域，学校域，职业域，公共域。语域包括几组情景或话题元素以此来指导人们的语言选择。任何一个元素的改变都会导致语言选择的改变。语域理论帮助我们理解社会文化标准和期待中的语言选择。语言选择这种社会行为不仅反映出数量也反映出程度 (Li，2000). 因此，有些学者也从社会心理学角度分析，有亲近，非正式，正式的区别语言领域。

三、二者关联

语言选择可以构成各个策略，是各个策略的载体。策略的实现通常是由语言选择来实现的。透过这些语言选择，我们可清晰看见会话参与者的态度，视角。这些策略的实现可以通过语码转换，语域变化来体现。由此构成出相邻对子，语言序列，以及最终的语言篇章。正是因为在各个策略上不同的语言选择，社会人际关系以及权力的不平等才得以展现。

会话的整体结构以及语言序列可以从其整体语言选择趋势加以解释。为什么一种语言变体会大量出现在会话中，也同样反映出说话参与者的社会地位以及教育背景。透过语言选择，会话结构能够明显得以体现，社会秩序及阶级能够保无保留的透露给研究者 (Li，2000).

由此可以看出，众多研究者根据语言选择的形式和特点来判断会话分析参与者的态度观点及其结构特点。更能通过语言选择特征，判断出会话的场景特征 (institutional talk)，因此研究者们可以通过必要策略来为场景会话下定义，也方便后续学者在这一会话环境中形成研究范式。

第二节 课堂语码转换初探——会话分析角度

课堂转码转换是一种复杂的语码转换现象，有其独有的特征。该文对课堂中的语码转换现象在会话分析的框架下进行了解读，旨在通过更微观的方式分析课堂话语，这对今后的课堂教学十分关键，能有效促进教学实践。

一、理论回顾

语码转换（Code-switching）是指双语者在同一或不同话轮中对两种语言进行交替使用的双语现象或双语言语行为。不同领域的语言学家对语码转换进行了不同方向的研究，可以分为社会语言学研究、语法研究、心理语言学研究和会话分析研究。

语法研究着重结构的研究，试图总结句式形态限制。Poplack（1980，1981）在 80 年代提出了语码转换有两条具语法限制，一是自由词素限制，二是对等限制。这些语法限制在经受了众多的实证研究之后，被证明并不普遍适用。社会语言学方向的研究聚焦于语码转换产生了什么的社会意义。Gumperz（1972，1982）曾把会话中的语码转换当作一种社会现象来对待，并且提出了情景中的语码转换和喻意中的语码转换的概念。Gumperz 指出，语码转换可以看做是一个语用现象，场景设置，社会情境，社会事件都会起到限制作用。Myers-Scotton（1998）试图将语码转换的宏观视角和微观视角结合起来，提出了标记理论。标记性的语码选择是为了偏离和改变现有会话，而非标记的是说话人愿意维持现有身份，与交际方保持一种所预期的一致。语码转换的心理语言学研究的基本任务是帮助我们理解“双语者在做出明显的语码转换行为时的大脑活动状态”（David Li，1996）。研究者提出一系列理论模型以更好地解释双语语码转换加工机制，主要围绕语言产出与语言理解两个维度展开。前者包括抑制控制模型、交互协同模型、特定语言选择假说；后者主要涉及语言选择性提取假设与语言非选择性提取假设。

二、会话分析角度下的语码转换

会话分析方法在语言学、社会心理学和社会学之间建立了一座桥梁（Psathas，1995）。CA 是民族方法学（Garfinkel，1967）知识框架下的一个分支，着眼于语言选择的序列性和嵌人性，尽量疏离宏观社会语境（王瑾，2004）。会话分析者着眼于话轮，试图去解释话轮是怎么以最小的间隙和最小的交叠而交接的，以及话轮的交替是如何一轮一轮地进行的。

Peter Auer 是最早应用 CA 来研究语码转换的学者，他于 1984 年出版 Bilingual Conversation，以意大利籍德国小孩的意大利语—德语之间的轮换为语料，率先将 CA 引入对会话语码转换的研究。Auer（1984，1995）将 CA 引入对会话语码转换的研究并提出一个会话语码转换研究框架，区分了转移和语码转换，还区分了语篇相关转换以及与参与者相关转换。

三、课堂语码转换

外语课堂是语码转换发生的真实场所，该文以研究课堂话语序列为主，分析师生间、生生间语码转换的特点和作用，重点探讨“修补”和“毗邻语对”这两种话语结构。毗邻语对是由两位会话者分别发出的、前后相关的两句话，即由始发语和应答语构成的序列。如对一个要求的合意应答和非合意应答。修补功能指会话一方对另一方的不正确表达进行补充、指正。可以是下一话轮发起者选择了不同语码，然后上一轮发话者意识到了，进行自我修补；也可能是句内的语码转换，需要修补的成分替换成了另一种语言，这种修补可以是自我修补或他人修补。重复、说明和确认都可以归为修补。

例 1 C：There're four people in the picture.

K：Five.

C：A little boy，his mother，father，［grand...（盯着图片）］

K：［【5 个呢】（盯着图片）］

C：Oh，sorry，five people.（不好意思地笑了）

C 说图片中有四个人，这引起了 K 的注意，K 在下一话轮中发起了修补，但 C 并未留意到，这时 K 进行了语码转换，转换成了汉语发起修补，这种转换引起了 C 的注意，C 在下一话轮中进行了自我修改。第四话轮中 K 的语码转换是对目前任务语码（英语）的偏离，是为了强调，引起同伴的注意。这种语码转换起到了修补的作用，有助于同伴意识到自己犯的错误。

例 2 S：We look at the people yesterday.

T：当我们谈论过去时，动词要用什么时态有什么变化呢?

S：e-d.We looked at the people yesterday.

学生在第一话轮用错了动词时态，老师在第二话轮并没有直接给予纠正，而是给予元语言的反馈。学生意识到老师语码转换，接受了反馈，所以在第三话轮进行了修正。这种由老师发起给予反馈、学生自己修改的方式，使学生更能牢固掌握所学知识，在课堂上也不至于感觉到丢面子。

例 3 T：Do you have any difficulties or questions in understanding the passage？

S：（silence）

T：有没有问题?

S：Miss Gao，What does the author mean by saying “How can I know what I think till I see what I say？”

T：It means that......

老师在提问完问题之后，学生并没有回答。在第一个话轮里，老师并没有选择下一个说话者，其后也没有其他参与者作自我选择，那么老师继续说话了，获得了说另一话轮的权利。沉默和停顿也是一种情景化提示，暗示学生们有问题但不敢表达，这也是一种非合意性应答。这时老师进行了语码转换，来进行确认，这应该也属于修正。作用如同 you know 等，能促进学生的表达和学习。采用参与者学生更偏好的语码来进行提问。但是下一话轮学生而是用英语来回答，这也证明了学生可以自由地对语码进行选择，但他们还是深知英语课规范用英语来对话。

对课堂语码转换进行会话分析可以更好地关注语码转换在课堂起的作用。但有一个问题，会话分析弱化宏观语境，就难分析出语码转换是不是与参与者能力和喜好相关。后来，Auer（1995）明确指出，对任何一个具体双语社区的双语研究都必须考虑宏观和微观两方面的依存关系。此文局限性是文中所提到的例子都是把以往文献中的例子放到会话分析框架下的再分析，因为例子的选取有第一作者的主观因素，不如第一手语料客观，因此，今后会尽力搜集第一手语料。

第三节　运用会话分析理论对课堂会话关系的考察

本节以日语课上的会话为例，运用会话分析理论中话轮转换规则，对“相邻语对”中日语课堂会话的表现形式做一考察。

会话分析学家认为，任何语境中的语言交流无论外部形式多么复杂，其本质都表现为由动机和语义所决定的，被称为“互动行为”的语言活动。与日常会话相比，课堂上的会话动机表现得更明确，意思也更具体。因此，语言的互动行为更具规律性。本节以日语课上的会话为例，运用话轮转换规则，对“相邻语对”中日语课堂会话的表现形式做一考察。

一、课堂上的话轮转换

（一）会话的开始和终结

在日语日常会话的开始和终结部分，多使用寒暄语及语言交感类的表达方式，这种表达方式很多时候不能以其字面意思来理解。开始部分多是预告会话的话题，终结部分与开始同样重要，揭示了贯穿上下文的要点部分。例如：

例 1：A：まあ、お会いできて嬉しかったです。

B：そうですね、気をつけて。

例 2：A：ところで、来れると思う？

B：もちろん、どうも。

上述会话中出现的“まあ”、“ところで”等，预示了会话终结的标志词，多读作降调。了解这种会话的结构，可以让日语学习者进行顺畅的日语交流。

（二）话轮转换及规则

在会话中，为了不出现会话的间隙或重叠，针对由谁说、何时说、如何说等，就有了一定的规则，即会话的参与者遵循的“话轮转换规则”。会话的参与者们使用单词、短句，语段、篇章等形式进行交谈，并且根据一定的规则判断会话的终结点，交替轮流取得说话的机会。这并不是说会话中真的一点间隙、重叠都没有，而是说万一出现间隙或重叠，立刻就会有人出来纠正，间隙、重叠的时间不会很长。这种话轮转换的规则有：

在每一个话轮的最初话轮构建单位的最初转换相关位置：

a. 如果迄今为止的话轮构建使用了“当前说话人选择下一个说话人”的方法，那么被选中的一方有权，而且必须在下一个话轮开口说话；其他人没有这种权利或义务。此时说话人发生变化。

b. 如果迄今为止的话轮构建没有使用“当前说话人选择下一个说话人”的方法，那么就可以，但不一定需要实行自选下一个说话人的方法; 第一个开始的人拥有下一个话轮的说话权。此时说话人发生变化。

c. 如果迄今为止的话轮构建没有使用“当前说话人选择下一个说话人”的方法，那么当前说话人可以，但不一定需要继续说话，除非另有人自选说话。

如果在最初话轮构建单位的最初转换相关位置，既没有实施 1（a）又没有实施 1（b），并且按照 1（c）的规定由当前说话人继续，那么在下一个转换相关位置再次执行（a）到（c）的规则，而且在下面每一个转换相关位置重复，直至出现说话人转换。

与日常会话不同，课堂上话轮转换的特征更明显。教师会话的终结可以通过以下几个标志进行判断：

①使用疑问句，提出问题；

②使用祈使句，发出指令；

③使用陈述句，句末经常出现不包含新信息的概括性语句，或重复前文语义的语句；

④点名，叫学生回答问题。

判断学生回答完提问时，也会有以下几个标志：

①语速放缓，中断次数增多；

②句末经常出现不包含新信息的概括性语句，或重复前文语义的语句；

③向教师提出问题。

讲练式教学。在教学方法上，授课教师对基本礼仪规范从不同角度、不同层面进行综合详细阐释，通过课件和示范等方式展示标准礼仪规范，对其内容精炼讲解，安排学生分组反复练习，在练习过程中突出听、看、做等互相观摩、互相纠正，共同提高，通过亲身体验关键环节，加深对礼仪规范的掌握，激发学生的学习兴趣。

①语言方式。教师主要通过点名、提要求、激励等方式选择下一说话人；

②非语言方式。教师把目光投向下一说话人，并伴随鼓励的语言，学生主动举手回答问题。

二、相邻语对

在会话分析理论中，先行会话控制着后续会话的走向，并十分重视会话的连贯性。从说话人的话轮转换原则来看，这种话语的相邻性起着把会话紧密关联在一起的作用。这种两者间的连贯构造，被称为“相邻语对”。

通过这一概念，可以更清晰地考察课堂上会话的构造。会话分析学家认为，当会话中有“问好——回复问好”、“提问——回答”、“邀请——接受”、“要求——许可”等成对语言出现时，就可以用“相邻语对”这一概念进行描述。社会学家谢格洛夫等人在对人们的日常会话进行观察时发现：人们总是交替着进行交谈，一次谈话至少由两组会话构成，当前说话人说的话，与下一说话人说的话就构成一组“相邻语对”。从谢格洛夫的理论来看，“相邻语对”具有以下五个特征：

①由两组会话构成；

②各组会话是相邻的；

③各组会话均由不同说话人发起；

④第一句话说出后，紧接着发起下一句话；

⑤下一句话的发起受前一句话的支配。

在课堂上进行会话时，构成“相邻语对”的两组会话，既有不相邻的情况，又有不仅是由两组会话，而且是由两组以上会话构成的情况。课堂上的“相邻语对”的主要形式是“教师提出问题——学生回答问题”，其具体形式是：

提问——回答

例 1：先生：今朝はどうしたんですか。授業に来てませんでしたね。

学生：先生、すみませんでした。風邪を引いたんです。

先生：熱があるんですか。

学生：いいえ、熱はないんですが、せきがひどく出るんです。頭も痛いし、のども痛いんです。

这是课堂会话中最简单、最基础的形式。即一人提问，另一人回答，从而使问题得到解决。

提问——多人回答

例 2：先生：この機械を壊したのはだれですか。佐藤さんですか。

田中：いいえ、佐藤さんではありません。私です。ゆうべ実験中に使い方を間えたんです。

佐藤：いいえ、悪いのは私です。田中さんが機械を使ったのは、私が頼んだからです。どうも申し訳ありませんでした。

这种形式是由一人提问，多个人针对该问题明确地说出自己的见解。

话题继续——新问题——回答

例 3：学生：先生、明日の研究会のことですが、出られなくなりました。

先生：どうしたんですか。

学生：実は、子供の具合がちょっとよくないんです。

先生：それいけませんね。どこが悪いんですか。

学生：ゆうべ食べすぎて、おなかをこわしたので、病院へ連れて行きました。あした、もう一度行って、検査することになりました。

教师对前一问题的回答做出回应，紧接着提出一个或多个新问题，这种方式在课堂提问中较为常见。

综上所述，课堂上的会话主要由“提问——回答”这种相邻语对的形式构成。无论授课的内容与类型有何不同，其会话的形式都是贯穿始终的，会话行为也是按照这种形式推进的，几乎所有的相邻语对都是由教师的提问发起的。

外语学习重要的就是要学生多张口说，教师的提问对于教学是非常重要的一环。从会话分析的角度研究课堂上的会话形式，必定会对教学产生有效的指导，让教师更科学地设定课堂提问，增加师生互动。

第四节　高校个性化英语课堂中师生交际的会话分析

高校英语的个性化教学中，教师以自己良好的个性引领个性化教学，凸显学生的自主学习和个性的形成。采用个性化教学，引导学生积极参与课堂交际，提高学生的交际能力，真正实现“独白式”向“对话式”的转型。本节主要运用会话分析的方法，探讨个性化英语教学中师生会话的互动过程的序列结构及话轮转换的语用策略，从而有效地改善和提高大学英语教学的教学效果。

高校英语的个性化教学是一门艺术，它不仅在教学中强调教师的情感态度和个性特征，而且更凸显学生的自主学习和个性的形成，倡导学生积极参与、主动探究，形成个性化教学。教师以自己良好的个性引领个性化教学，在课堂教学中真正实现“教师独白式”向“师生对话式”的转型，从而有效地改善英语教学的教学效果，提高学生的交际能力。

一、个性化教学的含义与特征

个性化教学是指教师在注重自己独特个性发展的前提下促进学生个性发展的教学，强调教师在教学过程中，融入独特的人格魅力，促进学生个性化发展，形成学生乐于接受的具有自己个性的教学特征。

个性化教学强调独特性，教师在教学中体现自我创新，非模仿性的教学，结合自身的思想、情感、意志和行为及教学经验、风格等形成自己独特的个性化教学（王中华、熊梅，2011)；个性化教学突出创造性，教师要创造性的发挥，突破陈规，不断创新自己独特的教学方法和手段；个性化教学体现稳定性，它不是一成不变地单调重复，是指教师长期实践中，形成的基本完善的教学思想和教学方法，以及相对成熟的个性化教学风格；个性化教学坚持发展性，指教师要不断学习，自我突破，坚持提高自身教学水平，超越自我，是教师自我优化，完善自己特有的教学方法，永葆个性化教学的生机和活力的根本 (陈万勇，2003)。

二、高校个性化英语课堂中师生会话的序列特征

任何会话交流都有其语言结构，个性化英语课堂教学过程也是一个语言交流过程，互动是课堂教学的基本性事实 (Allight，1984；Sacks，1992b)。他和同事有一个重大发现，那就是人们谈话中的话轮，宏观而言一个会话进程至少包括三个话轮，IRF 即“启动 initiation- 回应 response- 反馈 feedback”三段式会话结构 (Mehan，1979；Nassaji&Wells，2000)。高校英语课堂会话也具有其可辨认的结构，以师生问答模式 QA(Question-Answer) 为主要形式，形成会话互动过程，提问 Question 就相当于会话的启动 I，回答 Answer 就相当于回应 R，后续的教师评价 Evaluation 就相当于反馈 F。

在通过对山西省高校英语课堂的录音分析可见，高校英语课堂的师生会话序列主要有四大类型。

1. 两步序列 (Q—A)。这是最简单的一个师生会话结构 (刘炜，2009)，也是最为基本的会话组成结构，往往表现为师生的互相问候，或师生交际中的一问一答，即 QA(Question-Answer)。如例 1：

01 T：Hello everyone!(Question)

02 S：Hello teacher!(Answer)

03 T：uh：：：，last lesson we have learned the first two paragraphs.Now let’s study the third

04 paragraph and read the details of it，ok?(Question)

05 S：Ok!(Answer)

06 T：Just open the book and read the paragraph.

这里在第一列和第二列师生是互致问候话轮，在第三、四列和第五列，形成师生一问一答话轮，它们都是一个相邻对 adjacency pair，这样一问一答的基础性的会话结构，不是较为理想的模式，这一结构只能解决最简单的会话。可以看到两步序列的教学互动中，比较直接，没有太多的互动，教师话语在课堂会话中占据着起始话轮，话轮 01、03 和 04 都是教师的话语，教师会话比重远远大于学生，课堂依然是教师为主体的教学。这一模式直接反映了英语课堂师生互动过程的简单化，课堂问答的机械性，违反了自然会话的规律，限制了学生的创造性。

2. 三步序列 (Q—A—E)。即 Question 提问、Answer 回答、Evaluation 评价，这也是大学英语课堂中一种普遍的问答模式，教师发起提问，学生给予回答，之后教师给出评价。如例 2：

01 T：From the picture what’s the theme of the passage?(Question)

02 S：uh：：：，love and friendship.(Answer)

03 T：Yes. Good. Let’s analyze it in details.(Evaluation)

这是“Q—A—E”的会话序列，在这一序列中，教师选择了会话的内容，起始话轮通常由教师发出，引出话题“what’s the theme”，学生做出相应的回答“love and friendship”，之后再由老师给出评价反馈“Yes，Good.”。从例子中可以看到三步序列的教学互动中，较两步序列多了一个Evaluation评价的话轮，通常是教师对学生答语的反馈，对正确的给予肯定，对错误的加以间接引导或直接否定并指正(李悦娥、范宏雅，2002)。这一序列结构比较清晰，评价话轮之后会话结束，实现了教学信息从教师到学生的转移，但教师在这一过程中仍处于主导和支配地位，学生处于从属地位，其主观能动性受到了极大地限制。教师会话比重仍大于学生，这样的教学使得学生失去了自主性和独立性。

3. 四步序列(Q—A1—E—A2)，即Question提问-Answer1回答1-Evaluation评价-Answer2回答2，这一序列结构常常发生在教师发起的起始话轮未得到反应或未得到理想的回答时，教师会给出评价、重复或对问题进行解释，从而诱发反应话轮，要求学生对其前面的答案予以澄清、确认、补充或修正，最终完成会话交流。如例3：

T：(nodding and cough)Before study it I want to ask you a question. Do you think English is an international language?(Question)

S：eh：：：yeah，many developed countries use it.(Answer)

T：(0.2)Ok! But according to your own opinion，just because many developed countries use it，you think it is an international language，yes ↑ ?I think this is an implausible explanation.(Evaluation)

S：(.)No，I mean many developed countries use it to made trade with the world. It is a world used language.(Answer)

T：Well! Good，Yes，English is used in many fields in the world，such as trade，science，education and so on.

在这个例子中，第一行教师提出问题，“Do you think English is an international language?”，并在international上使用重音，加以突出。在第三行，学生使用“eh：：：”标记语，拖延了几秒后，给出回答“many developed countries use it.”，教师在第四行停顿了(0.2)秒，表示学生的回答不是理想的回答，并用重音an implausible给出评价，诱发学生发起话轮给予解释，达成共识，完成了交流，如果教师对其答案仍未满意，继续发起话轮就会形成多步话轮的序列模式。可见，这一四步话轮序列模式中，Evaluation-Answer2是进一步扩展的序列，是对QA1的补充，体现了教师尝试着诱发学生的主动性，使学生自己主动地加以修正或补充相关知识，从而提高了课堂参与的互动性和积极性。

4. 多步序列。(Q[Q1A1—Q2 A2—……QAn]—A—E)即(Question[Question1 Answer1—Question2 Answer2—Questionn Answern]—Answer—Evaluation)这种序列结构，在问答序列QA中，插入多个毗邻相邻对，由多个问答相邻对组成，多出现于两种情况：①教师Q是首

次发问，当无法得到令人满意回答时，问话人继续发起话轮提出问题 Q1、Q2……Qn，学生听话人相应地给出回答 A1、A2……An，这一过程经双方多次论证，最终使双方达到一致意见，得到回答 A 后，由教师给出一个评价话轮，结束此次会话。②教师 Q 是首次发问，但学生听话人，不是给予回答，而是发起新的话轮，提出问题 Q1，教师给出相应的回答 A1，如果双方意见还是不一致，双方就会继续发起话轮，形成 Q2 A2—……QAn，多个问答话轮，最终形成一致意见 A，最后由教师给出评价，这也实现了师生问答的复杂性和多样性，也是形成个性化授课的关键。如例 4：

01 T：What’s the relationship between the rose and the nightingale?(0.2)From the picture！

02 S：--(0.3)The color=

03 T：=The color！↑(0.4)[What’s the relationship?

04 S：[Yeah：：，They are the same color.(0.2)Red=

05 T：=Well! You observe it very carefully! But what’s the real relationship between them?

06 S：I mean they are the same color，but what the other relation，eh：：：，you mean>they have

07 the implication meaning<here?

08 T：Yeah，you can guess the passage’s theme concern about the true[love

09 S：[love? ↑

10 T：Yes! Can you guess what the real relationship between them is?

11 S：(0.3)Sorry. Maybe use the rose to win the love?(laugh)

13 T：(laugh)you are too humorous!>Great answer!<In the text，really a young man wants to use the rose flower to win the true love. Yeah，=

14 S：=yeah：：：

15 T：(0.2)Yes，they are the same color. The rose flower is a symbol of true love. The blood color is red and it also means

16 the life. Life is worthy for the eternal love. But what’s the connection with the bird----

17 nightingale?(.)Let’s read the passage to find the secret.

在这个例子中，第一行教师提出问题，“What’s the relationship between the rose and the nightingale?”，并在 relationship 上使用重音，加以突出。在第二行，学生停顿了 (0.3) 秒，给出回答“The color”，教师在第三行予以重复 =The color ↑，并用升调表示提出疑问，鼓励学生继续发起话轮，结果在停顿 (0.4) 秒后，未得到学生的反应，于是又重复问题“What’s the relationship?”，来启发学生做出了回答“Yeah：：，They are the same color. Red”，之后教师对学生的回答予以评价“Well! You observe it very carefully!”完成了交流后，继续提出新的问题“But what’s the real relationship between them?”，诱导学生加以回答，在学生做出回答后，对内容又不确定时，在第六行“eh：：：”表达迟疑后，主动发起问话“you mean they have the implication meaning here?”对老师提出问题。可见，经过多次问答话轮后，从而提出“Let’s read the passage to find the secret.”，阅读课文找寻答案，结束了会话。

这一例子表明，在课堂师生对话中，多步序列使教师放松了对课堂教学的控制，师生问答出现了由简单到复杂及多样性的转变，学生拥有了适当的话语权，教师的角色从课堂的“掌控者”到有效的“引导者”，从“独语者”到“对话者”，有助于提高学生的交际能力和主动参与性，使得师生会话更加接近交际的自然性，提高了课堂教学的效率。

总之，通过对山西省高校的英语课堂录音分析，发现传统课堂交流多采用的是“两步序列”和“三步序列”，很少使用“四步和多步序列”，这样的课堂中教师是教学的主导，对课堂内容及形式控制得比较紧，学生处于被动地接受地位，交际能力差。而个性化的课堂中，师生交流过程变得复杂化，多采用了“四步序列”和“多步序列”，教师能够较多地采用一些技巧，如插话、打断和重复等，来拾取或修正话轮，推进话题，鼓励学生持续地发话，课堂角色真正地得以转换，学生是课堂的主体，教师是辅助者，极大地激发了学习者的学习兴趣和热情，提高了语言交际的能力。

三、英语课堂中师生交际中话轮转换的语用策略

在平常的教学中，经常听到教师在抱怨学生运用语言的能力差，无法长时间地进行会话。其实很大原因是教师缺乏会话分析的一些理论和对答形式结构一些基本规律，无法有效地指导和组织语言交流的顺利进行。会话中的话轮替换，就是交际者之间为了获取信息，寻求认同，弥合差距，会话的话轮设计是交际者组织序列结构、实现交际目的的基本手段(于国栋，2003)。那么，在英语课堂中，师生交际为了弥补信息差，常常采用以下几种语用策略。

1. 提前宣告。根据会话原则，提前预告方式寻求一个更长的话轮去告知，同时也使消息接受者明白这里面有事情要加以告知。提前宣告结合提前邀请，提前安排，提前提供等，组成提前序列(姜望琪，2000)。在师生交际中，教师可以利用提前告知序列在发出问题时，提前宣告从而使学生有所准备，无论这是一个总结还是一个嗓子的咳嗽，这都表明这消息“我有一些东西要告知”。例如，在前面例 3 第 1 行中教师地点头和咳嗽，就是一个提前宣告，提醒学生注意下面要说的内容。

2. 停顿。教师通常在重点信息或关键词前后加以停顿，以便给学生有足够的反应时间，或是引起他们的注意，鼓励学生和引导学生参与课堂活动，例如在前面例 4 中的第 15 行教师在学生给出反应“yeah：：：”后出现了 0.2 秒的停顿，这是希望鼓励学生继续发话，在没有得到学生反应后，自己继续开始发起会话。学生话轮中出现停顿，表明学生在会话中的不肯定，或者是希望出让话轮，让教师接替会话。

3. 重复。在师生会话中重复起着重要作用，可以是重复一个词，或一个同义词，或重复他的意思。重复可以加强会话的连贯性，起到强调、语言检验的作用。在师生会话中，教师的重复起到强调的作用，表示对学生话语的肯定，或对话语的质疑，暗示学生加以改正。

4. 拖延。在师生会话交际中，常常才能用一些发话技巧，有效地利用“搪塞语”，如：“eh”、“er”、“well”、“um”、“I know”，“let me see”等等，也可以使用标记语，

如“in addition，but，and，however，if，since”等，这样可以使会话起到拖延的作用，让受话人感觉到是发话人还在继续，减少对学生的影响，或让学生在思想上有所准备，进行信息差的弥补。

可见，语用策略在师生会话中具有重要作用，在个性化的师生会话交际中只有依据具体情况，恰当地遵循会话原则，运用语用策略，才能取得良好的交际效果。

个性化教学是教学的一个趋势，有助于转变传统的灌输式教学，也有助于提高学生的学习积极性，高校教师在大学英语课堂教学中积极结合会话分析理论和原则，运用会话策略，有利于引导学生减少对母语的依赖，学会英语思维，提高师生交际的水平和学生的语言表达能力。

第五节　基于礼貌原则的人物会话分析

本节运用礼貌原则对《理智与情感》中的人物会话进行详尽分析，旨在深入了解小说中的语言特点并验证礼貌原则在言语交际中的重要作用。

简·奥斯汀 (Jane Austen) 是英国著名的现实主义女作家。她的小说《理智与情感》格调轻松诙谐，言语犀利，行文缜密。小说围绕两位女主角的择偶活动展开，揭露了当时英国社会以婚配作为女子寻求经济保障和提高社会地位的陋习，鞭挞了当时择偶重门第、不重女子感情和权利的现象，从而反映了作者本人的婚姻观。在本节中，笔者运用礼貌原则试图分析小说中人物会话的语言特征，阐释遵守、违反礼貌原则在言语交际中的效果，证明遵循礼貌原则的重要性。

一、礼貌原则

美国哲学家、语言学家格莱斯于 1967 年在哈佛大学做了“逻辑与会话”的讲座，其中提出了“合作原则”(Cooperative Principle，简称 CP)。之后，格莱斯进一步把合作原则细化为数量准则、质量准则、关联准则和方式准则四条准则。不过，合作原则解释了话语的字面意义和实际意义之间的关系，但它并没有解释清楚为什么人们要并以含蓄的、间接的方式违反合作原则并表达自己的想法，从而进行交流。因此利奇于 1983 年在《语用学原则》一书中提出了礼貌原则，他指出因为礼貌，所以人们才会在会话中违反合作原则，从而填补了合作原则的理论局限性。礼貌原则包括以下六条准则：得体准则、慷慨准则、赞扬准则、谦虚准则、赞同准则和同情准则。这六条准则实际上表述的是一种表达策略和社交礼仪，其核心是贬己尊人，通过建立良好的交际关系来促进合作，以实现最佳的表达效果。

利奇提出的“礼貌原则”由六个准则及若干个次则组成：

1、得体准则：最大限度地减少他人付出的代价，并最大限度地为他人带来利益。此准则以听话人或他人为出发点，体现了减少表达有损他人的观点。

2、慷慨准则：最大限度地减少对自己的益处，最大限度地增大自己付出的代价。此准则均以说话人的受益和受损为出发点，体现了减少表达有利于自己的观点。

3、赞扬准则：最大限度地减少对他人的贬损，最大限度地增大对他人的夸赞。此准则涉及说话人对听话人的评价或批评，以听话人或他人为出发点，体现了减少表达对他人贬损的观点。

4、谦虚准则：最大限度地减少对自己的夸赞，最大限度地增大对自己的贬低。此准则以说话人为出发点，体现了减少对自己赞誉的观点，是一条“低调”原则，不夸耀自己，保持一种谦逊礼让的心态是为人处世的标准，而且自夸在言语交际中往往是不礼貌的行为，因此，贬低自己会显得更恰当。

5、赞同准则：最大限度地减少与他人的不同意见，最大限度地增大与他人的相同意见。此准则关注的是说话者和听话者之间的观点是否一致，体现了减少自己与他人在观点上不一致的地方。

6、同情准则：最大限度地减少对他人的厌恶，最大限度地增大对他人的同情。此准则体现及之间的心理感受，体现了减少说话人与听话人在感情上的对立的观点。这个准则体现了一种“求和”的心态，需要双方在言语交际情感统一。

二、礼貌原则下《理智与情感》中的人物会话分析

得体准则。尽量减少他人付出的代价，尽量增大对他人的益处。

威洛比在向玛丽安的姐姐埃莉诺解释他为什么离开玛丽安时说了下面的话：

如果我能做得到的话，就让你比现在少恨我一点儿。我想向你做一些解释，想为过去的事情向你表示一些歉意，我想把全部心里话告诉你，让你相信，虽然我一直是个傻瓜，但我并不一直是个恶棍。我想通过解释得到玛你妹妹的一点儿宽恕。

我必须承认，在开始的时候，我不关心玛丽安的幸福，单单考虑我自己的快乐，只受我自己惯有的感情的驱使。而且，我是很卑鄙、自私、残忍的，对我这些恶劣的品行，以任何愤怒、轻蔑的态度去斥责它，甚至以你现在的态度去斥责它，都不能说是过分的。

威洛比在向玛丽安的姐姐埃莉诺解释他为什么离开玛丽安时说的话中，“让你比现在少恨我一点儿”、“我想把全部心里话告诉你”、“让你相信”、“向你”这些词语或短句可以体现出他努力在让对方受益，真心实意地在向对方道歉，尽力在弥补自己过去犯下的错误，真诚地在请求原谅，像他所说哪怕“一点儿”，从而体现出得体原则。此外，我们发现使用某一个短词，并与恰当的语调结合就能表达出较理想的意思。像这种只含一个成分或甚至只有一个词的话词单位，我们称之为“片断话语”。片断话语的恰当使用是体现礼貌原则的一种很重要的语言手段，在特定的情景中恰当地使用这些片断话语能够使交际双方得到尊重，使交际活动顺利进行。威洛比用了大量的片断话语解释自己的过错，期盼埃莉诺向玛丽安转达，以便得到她的谅解，或者如他所说“比现在少恨一点儿”。

慷慨准则。尽量减少对自己的益处，尽量增大自己付出的代价。

小说开始于亨利达什伍德逝世后的遗产继承问题，打算从财产当中拿出一笔年金 - 三千英镑给予异母妹妹，一是履行对父亲许下的承诺，二是为了让她们以后不为生计所困。婆婆达什伍德太太满心期盼着这笔年金的到来，以保证自己和女儿们今后生活的正常开销，同时也希望自己能和儿子儿媳更好地相处。她却没想到儿媳约翰达什伍德太太却极其地不乐意支付这笔年金，而且百般阻拦儿子约翰达什伍德这么做。在劝阻的过程中，约翰达什伍德太太说了以下几段话。这段内容违反了"慷慨准则"，将她的吝啬表现的一览无余：

好吧，我们就对她们有所表示吧，但那点表示也不需要三千英镑呀。你好好想想，你的妹妹们都会出嫁的，这样，钱就一去不复返了。当然，要是这笔钱能给我们可怜的小儿子。

世界上哪有哥哥对妹妹，即使是亲妹妹，能有你这样一半好？事实上，你与她们只有一半的血缘，你就这样的慷慨大方！

提供一笔年金可是件大事，年复一年，无法摆脱。无论如何，我绝不会做这种拿自己的钱满世界撒的蠢事。

说真的，我敢保证你父亲根本没想让你给她们钱财。我敢说，他所能想到的帮助，只不过是要你做你力所能及的事情。比方说，为她们找一处比较理想的小房子啦，帮他们搬弄东西啦，送给她们一些鲜鱼、野味之类的时令啦，等等。我敢拿性命打赌，你父亲的意思莫过于此。要是他所想的超出这些，那就非常奇怪而毫无道理了。

你能想象她们生活得多么舒服吧！一年五百英镑啊！就连这笔钱的一半，我都想象不到怎样才能花掉。至于你还要多送他们一些钱，这想法真是荒唐透顶了。

从这 5 段话中，我们可以看出约翰达什伍德太太最终的目的是阻止丈夫向异母妹妹提供高额钱财。在竭力阻止的过程中她言辞不善，处处为自己着想。她哀叹：钱就一去不复返了！她气势汹汹地对丈夫说：你与她们只有一半的血缘，你就这样的慷慨大方！通过这些语言描写，深刻地反映了她自私自利的性格特征，也说明她在努力地减少自己所付出的代价。她只在乎自己的一切，而一点都不关心异母妹妹的处境。尤其在丈夫提出要给异母妹妹年金以及额外的钱财时，她使用了一连串地不堪的字眼："蠢事"、"奇怪而毫无道理"、"无法摆脱"、"荒唐透顶"。从这些词语中，无一不表明约翰达什伍德太太的冷漠、自私、吝啬、狭隘甚至低俗。

除此之外，她说的"要是这笔钱能归还给我们可怜的小儿子"表明她希望自己拿到更多的财产，以便让自己以及儿子能无忧无虑地生活，可见她不是尽量减少对自己的益处，增大自己付出的代价；她说："你父亲根本没想让你给她们钱财。只不过是要你为她们找到一处比较理想的小房子啦，帮他们搬弄家具啦，送给她们一些鲜鱼、野味之类的时令东西啦。"说明她希望丈夫把财产分给异母妹妹越少越好，这样自己就可以拿到越多的钱财，由此可见她尽量减少对自己的损失，尽量增大别人付出的代价，这显然违反了礼貌原则中的慷慨准则。丈夫约翰达什伍德在这当中起着婆媳问题是否能够形成的重要枢纽作用，也就是说如果丈夫的作用发挥得好，那么这个问题就不会形成太大的冲突，反而会有利于家庭成员间信息的沟通和良好关系的形成。然而丈夫没有反驳他那违反慷慨准则的约翰达什伍德太太，他最终决定不对他父亲的遗孀还有女儿们做出超出他妻子指出范围的友好表示，也就是同意了妻子的做法。显然丈夫的作用没发挥好，导致婆媳问题直接演变为家庭“战争”的开始。于是约翰达什伍德太太愈发不讲究礼貌，充分利用机会冒犯她的婆婆，含沙射影地攻击埃莉诺，加深了彼此的矛盾，使达什伍德太太对现在这个“家”彻底失望，产生了搬家的强烈想法。

赞扬准则。尽量减少对他人的贬损，尽量增大对他人的夸赞。

帕尔默太太：嘿！这是一个多么可爱的房间呀！我从来没有见过这样诱人的东西！我一向认为这是个非常美妙的地方。这里的每件东西都是多么招人喜欢啊！我是多么想自己拥有一所这样的房子啊。你觉得呢，亲爱的？

帕尔默：……

帕尔默太太：哎呀！天哪，这些画真漂亮啊！真可爱啊！您来看看，多么美妙啊！我敢说，它们相当吸引人，让我看一辈子也看不腻。

帕尔默：它很矮，而且天花板是歪的。

约翰爵士、詹宁斯太太和帕尔默夫妇一行人拜访埃莉诺家时，帕尔默太太毫不吝惜自己对埃莉诺家的溢美之词。她用了“多么可爱啊”、“这样诱人”、“非常美妙”、“多么招人喜欢啊”等词语来赞美埃莉诺的房间和客厅里的每一件东西，还用了“嘿！”、“啊”、“哎呀”、“天哪”等语气词加强自己的表达，使称赞显得更自然。从而体现出帕尔默太太极有礼貌，永远快活的天性。同样地，她时时刻刻尽量增大对他人的夸赞说明了她遵守赞扬准则，因此受到了大家的欢迎。与此形成鲜明对比的是帕尔默先生，第一次他一个字没有说，第二次他只是冷冰冰地用几个字应付着他的妻子：“很矮”、“歪的”。从他的话语中我们可以看出他没有增大对他人的夸赞，反而增大了对他人的贬损。这样的言语非常没有礼貌，完全没有遵守赞扬准则，侧面反映了帕尔默先生高冷甚至傲慢的性格，所以人们对他唯恐避之而不及，只有妻子对他始终如一。对比帕尔默太太和先生的语言特征，我们发现在交际中，男性和女性存在着语言差异。两者的语言差异从一个侧面反映出了各自的社会心理和社会地位以及这个社会对男性女性的态度。一般来说，语言的标准变体是社会声望最高的变体，用标准英语标志着一个人有文化、有教养、有地位。一直以来，社会对妇女的言行举止有很多苛刻的要求。因此女性为了给自己挣得较体面的社会地位，于是特别注重在外貌、穿着、言语、仪态等方面修饰自己，并且十分介意别人对自己的看法。所以，她们努力地使用非常规范的言语、温文尔雅的措辞和礼貌谦恭的语气。例如帕尔默太太赞美房子的陈列物品时说了这样的话：“多么招人喜欢啊”。而由于男性在社会活动中范围更宽泛，人们便更看重他们在工作以及事业上所表现出来的才略。另外，非标准语可以使人联想到体力劳动者通常具有的强壮、粗鲁、直率等特征，这些特征被认为是男子气概的体现。因此，一些社会地位较高、有文化的男性有时也会放弃使用标准英语而去追求这种气概。比如这里的帕尔默先生只对房屋内的陈设做出了“歪的”和“很矮”这样简单的评价。

谦虚准则。尽量减少对自己的夸赞，尽量增大对自己的贬低。

达什伍德太太：那只不过是一处乡间茅舍，但我希望能在那儿会见我的许多朋友。再增加一两个房间很容易，若是我的朋友们不嫌路远去看我，我将竭尽地主之谊。

亨利达什伍德逝世后，达什伍德太太在诺兰庄园的生活非常不如意，尤其和儿媳约翰达什伍德太太同住了半年后，她对儿媳妇的自私自利越发地不满，因此她动了离开诺兰庄园的心思。但是由于短时间内她并没有找到一处既符合她对舒适悠闲要求的，又适合她大女儿那种谨慎性格的地方，因此她不得不继续在诺兰庄园居住下去。就在她闷闷不乐之时，"一场及时雨"来了：达什伍德太太的一位有钱有势、住在德文郡的亲戚写信恳切地竭力劝说她带着女儿们到自己的住所巴顿庄园其中一个别墅居住。虽然房子只是一栋小型的别墅，与诺兰庄园相差甚远，但亲戚向她保证，只要地点满意，其他需要的一切东西自己都会亲自为她准备齐全的。亲戚的这番劝说让正在遭受亲人冷酷无情对待的达什伍德太太感到由衷的快乐和久违的温暖。于是她立即做出决定：接受亲戚的建议：搬家！然后她就通知：她已经找到了一所房子，而且马上就会搬家，以后就不会再打扰他们的生活了。儿子和儿媳听到这个消息时心里还是有一些愧疚感的，于是他们问搬去的地点是哪里，以便日后拜访。达什伍德太太谦虚地回答说只是德文郡的"一处乡间茅舍"而已。在这里，达什伍德太太把那栋小型的巴顿别墅贬为"茅舍"，体现出了她尽量地去增大对自己的贬低，这遵守了谦虚准则。同时也含沙射影地道出了达什伍德太太的心声：纵然诺兰庄园豪华热闹，也不及在紧凑的巴顿别墅里和心爱的女儿们其乐融融；也比不上在简陋的巴顿别墅里和老友们欢聚语不休；更不如在普通的巴顿别墅里温暖、惬意地度过余生。此外也是向儿子和儿媳发出一个信号：我身居陋室，就不劳烦二位屈尊驾临寒舍了。我们也可以将这句自贬的话解读为：自此以后，我们就减少来往，最好互不打扰吧！

赞同准则。尽量减少与他人的不同意见，尽量增大与他人的相同意见。

埃莉诺：我认为玛丽安性格中也没有这种细胞，我简直不能把她称作快活的姑娘。她做任何事都非常认真、抱有热情，有时她说好多好多话，并且总是很激动，但她并不总是真正地快乐的。

爱德华：我相信你的看法是对的，可我还是把她看作一个快活的姑娘。

在谈论性格这个话题时，埃莉诺认为玛丽安不"快活"，但是爱德华在回应中并没有直接否定埃莉诺的答案，而是先肯定她的观点，继而说出自己的观点与她相反。这种说话方式，体现出他尽力增大与埃莉诺的相同意见，避免产生分歧，遵守了礼貌原则中的赞同准则。因此，埃莉诺十分敬仰爱德华。

同情准则。尽量减少对他人的厌恶，尽量增大对他人的同情。

威洛比："请你不要对我说起我的妻子，"他深深地叹了一口气然后说，"她根本不值得你去同情。我们结婚后，她知道我并不爱她。哎，我们结了婚，接着去库姆马格纳享受幸福，然后又回到城里来寻求快乐。既然话都说到这份上了，那么现在你开始同情我了吗，达什伍德小姐？或许我说了这么多都是白费口舌？在你的心目里，我的罪过稍有减轻了吗？有时我的本意并不坏。我的解释减轻了我的一部分罪责了吗？"

埃莉诺：是的，你的确减轻了某些一点儿你的罪过。你已经表明了，总的来说，你的过错并不像我原来认为的那样严重。你已经表明了，你的心不是那么恶毒，远没有那么恶毒。但我几乎不知道，你也遭到了不幸我几乎不知道，你的不幸到了极点。

面对极为窘迫的境况，威洛比放弃向玛丽安求婚，而选择和索菲亚结婚。然而，威洛比从始至终都不爱索菲亚，所以结婚后他的生活更像是在炼狱里煎熬。他把自己的境况向埃莉诺全盘托出，以此表明自己的真心和无奈。埃莉诺刚开始并不在意他的这些事情，因为不论是出于什么原因，他都是伤害了自己妹妹玛丽安的那个人。但是听完威洛比的话之后，她对他表示非常同情，连续说了两个“几乎不知道”和“不幸”，这时候她尽量减少了对威洛比伤害了妹妹这件事的厌恶感，而增大了对他的同情，并说“你的过错并不像我原来认为的那样严重”。侧面反映了埃莉诺就事论事，而不完全凭情感用事的性格特征。

本节用利奇的礼貌原则分析了小说《理智与情感》的人物会话，笔者发现这些会话塑造出了一个个鲜明的人物性格特点，推动了小说的情节发展，使小说更加耐人寻味。其中的一些典型违反礼貌原则的例子，大多导致人物交际的失败，而且给读者留下了负面的印象；而一些遵守礼貌原则的例子，人物交际成功、深受他人尊敬，也让读者喜爱不已。因此笔者认为，遵守礼貌原则对人际关系的建立和维护起到非常重要的作用，有利于赢得他人的信任和喜爱，完胜错综复杂的人际关系。

第六节　“麻烦语”回应的会话分析

人们在日常会话中经常谈及彼此或他人遇到的麻烦，这已被许多语言学家视为日常谈话的一种普遍行为。因此，“麻烦语”作为一种语言现象很值得研究。本节从会话分析的角度出发，探究“麻烦语”接受者的回应方式及其对话轮序列的影响。研究发现接受者对“麻烦语”的回应方式大致可分为六大类：简单回馈、给予建议、分享类似经历、提出假设、批评与开玩笑，其不同的回应方式既可能推动话轮序列的发展，又可能对话轮起阻碍作用。

在日常会话中，人们经常谈及遇到的麻烦，这已成为一种普遍现象，所谈及的麻烦经常与个人或社会有关，涉及个人的压力和心理健康等诸多方面，以及人与人之间日渐疏远的社会现实等。近些年，“麻烦语”已被作为一种语言现象来研究，一些外国语言学家分别从社会语言学和应用语言学的角度研究“麻烦语”，而从会话分析角度对“麻烦语”进行研究的并不多，国内相关研究更是寥寥无几。本节拟从会话分析角度来探索“麻烦语”中接受者的回应方式及其对话轮发展的影响。

一、关于“麻烦语”

语言学家 Gail Jefferson(1988) 这样定义“麻烦语”：麻烦语 (Troubles Talk) 是指言语序列中涉及麻烦话题的一类语言现象，它是由麻烦的叙述者和接受者共同构建的有序话轮。参与双方巧妙的互动秩序使得麻烦语沿着从常态对话转向麻烦语又回到常态对话的模式移动。Jefferson 还指出，麻烦语涵盖的话题很广，涉及生活的方方面面，它不仅是单纯的语言现象，而且是一种重要的交流方式。Bayraktaraglu(1992) 在研究土耳其语的麻烦语时提到，当交际一方公开宣布自己或他人存在某个问题时，随后的谈话就会围绕这个问题展开，所形成的会话类型就是麻烦语。

澳大利亚语言学家 Barraja-Rohan(2003) 从媒体访谈的角度对麻烦语 (troubles-talk) 和过去麻烦语 (past troubles-talk) 进行了区分，指出过去麻烦语不可避免地大量出现在媒体访谈中，而谈及当下遇到的麻烦语却根本不会出现。一些学者还从社会语言学的角度研究麻烦语，代表人物是 Faircloth Christopher。他从人的社会类型和言语交际结构的角度研究麻烦语，主要关注了两种社会类型的人“cooped-up women”（笼子里的妇女）和“animal people”（动物似的人）。通过对这两种类型的人进行观察对比，发现麻烦语现象普遍存在，并且成为言语交际结构的主要构建成分 (Faircloth，2001)。Ouellette(2001) 则从应用语言学的角度研究麻烦语，指出对麻烦语语言特征的理解可以帮助二语学习者在言语交际过程中减少不必要的误解，有助于学习者更好地掌握目标语。

纵观前人的研究，本节认为麻烦语 (Troubles Talk) 不仅仅是一个独立的言语行为；所谈及的麻烦话题不管是当下遇到的还是以前经历的，不管是属于麻烦语的参与者还是属于第三方，都被认为是麻烦语，都属于本节的研究范围。值得指出的是，麻烦语、抱怨、故事讲述三者是有区别的。本节认为麻烦语是一个更大的语言单位，而“抱怨”(Complaining) 则是麻烦语的一个单位组成部分。从话轮的序列结构上看，麻烦语具备话轮的发起阶段、叙述阶段和结束阶段；从话轮发展的特点来看，它更像“故事讲述”(Story Telling)。但是，麻烦语谈论的话题既可以是当下遇到的也可以是以前经历的，而故事讲述总是谈论以前经历的。此外，麻烦语和故事讲述的话题内容也有区别，麻烦语总是围绕各种麻烦开展，而故事讲述的话题则涉及任何方面。共同讲述在麻烦语中很少见，在故事讲述中却经常出现。

二、麻烦语的回应分析

日常生活中谈及的麻烦语具有随意性，谈话的参与者没有任何责任和义务去帮助和解决对方所遇到的麻烦，所以谈话过程中没有很明显的技巧，更具随意性。笔者对自然情景下发生的言语交际进行录音，收集到 190 段关于麻烦语的真实录音材料，并以文字和符号的形式对原始录音材料进行转写①，再运用会话分析的研究方法和数据统计，发现在会话过程中麻烦语的接受者起着十分重要的作用。接受者不仅可以影响话轮的发展，在某种意义上还起着决定作用，并且依据不同的语境因素和情感因素对叙述者有不同的回应。其各类回应方式所占比例见附表。

接受者的六类回应方式中简单回馈所占比例为 37.8%，出现频数为 72；批评和开玩笑两种回应方式所占比例分别为 3.1% 和 2.6%，其出现频数为 7 和 6，远远低于简单回馈；其他三种回应方式不同程度地出现在麻烦语中，且差距不大。在实际的语言环境中，接受者通常为了顺应语境综合运用多种回应方式。下文将选取典型的语料作为例子来详细说明每一类回应方式的不同之处及其对话轮发展的影响。

简单回馈。在麻烦语的叙述过程中，接受者有时会给予一些简单的回馈，以激发叙述者提供更多的相关信息，促进话轮的发展。接受者通过一些继续标记 (Continuers) 把讲话机会继续让给麻烦叙述者，以推迟话轮转换相关处的出现。英语里“un huh”，“mm hm”，汉语里一些语气词“嗯”、“啊”，或其他词如“对”、“是”等都被视作继续标记 (Mandelbaum, 1989)。在麻烦语中，这些继续标记显示出麻烦接受者对麻烦叙述者的理解，同时也表示接受者不愿打断叙述者的谈话。

例如：

K：我不是 (.) 和我妹今年去她男朋友家了

X：啊：：↑你妈不是不同意

K：嗯：：[但是] 那是 (.) 那是：：那会儿了 =

X：= 啥意思？

K：就是就是她一开 (.) 她刚开始因为没看对那个意思

(0.2)

X：嗯：

K：然后就觉得自己年龄该到了 (0.2) 反正我妈指的就是 []

X：嗯：：

K：他俩就是 (.) 好呀不好呀 [勾拉] 了很长时间 (0.3) 我妈对这个男的可不满呢可没 [] 呢你喜欢就是喜欢 (.) 不喜欢就是不喜欢你勾拉是啥意思？然后就对他没啥好感就不同意 (.) 完了去他家说呢：：

X：嗯：：

(2.0)

K：后来了：：(.) 后来了 (.) 他也没嗯：：什么特别优秀的地方

X：嗯：：

K：没有达到那个标准到是 (.) 差也差不到哪去的那种

X：嗯：：

K：我妹是那种特别死心眼的 (.) 说不通可气人了：：可麻烦了

该例中交际者 K 是麻烦语的叙述者，交际者 X 是麻烦语的接受者 (这里为了保护谈话人的隐私特用姓氏的首字母代替，下同)。我们发现接受者 X 连续使用了 5 个继续标志“嗯”来回应叙述者 K，表示出她正在专心地倾听 K 的叙述，并没有打断对方的意思，将讲话机会一直留给叙述者，这种简单的回馈推动了整个话轮的发展。

给予建议。通过对一些语料的研究发现，麻烦语的接受者会给予建议来回应叙述者。给出的建议推动了话论序列的发展。值得关注的是，建议的位置会改变序列结构，建议出现的不同位置还会产生不同的序列。如果麻烦语的接受者给予建议的位置出现得太早，就会打断叙述者的讲述，整个讲述事件就会不完整。最为常见的是，建议出现的位置太早总会引发争执和不快甚至冲突。如果接受者给予建议的位置出现得晚，叙述者有机会将事件讲述完毕，那么就有利于问题的解决，叙述者也有接受建议的意愿，从而促进整个话轮进一步发展。

例如：

V：我家楼上住的人一到晚上就开始折腾 (.) 弄得我睡也睡不好：大半夜的穿的高跟鞋满屋子的乱走 (.)hehheh 气死我了↑弄得我一连几天也睡不好！我：：

F：hhh 你上去找她和她说说啊：

V：哎：：不顶事说了也白说 (.) 我上次都差点和她 [吵起来

F：[吵又没用：你得和他好好说

(0.1)

V：我又不是没和她好好说 (.) 他妈的火的我：：上次我上去和 [她

F：[你火也没用 (.) 你得说：：

V：那你说说啥有用？你说啥有用？

F：我是说让你去说你跟我吵什么啊？

这里接受者 F 分别三次打断叙述者 V 的讲述过程，并试图建议叙述者 V 上去找她好好谈。麻烦语的叙述者没有完整讲述整个事件，接受者就开始给予建议。由于建议出现的位置太早了，最终导致冲突，结束了话轮。

又如：

A：可是他不让告他家里人啊：：不知道他怎么想的

B：哎呀：：他不告诉你们可以自己告诉啊 (.) 真的我觉得让他家人知道 (.) 现在知道兴许家里人还能帮他跑跑要是再拖真的就没救了

(3.0)

B：再说这种事怎么可能瞒得住呢？他妈不见到他 (.) 难道也不问吗？

A：问啊：：他让我们骗说在同学家住几天

B：不行这样太危险了 (.) 赶紧告他妈吧

A：嗯：：不行的话我再和他们商量一下 (.) 不行就告他妈算了

该例中接受者 B 在听完叙述者 A 的完整讲述后才给出建议“哎呀：：他不告诉你可以自己告诉啊……”这样才使建议顺利被接受。从某种程度上说，不管是引发冲突还是接受建议都包含着叙事者的感情因素，即麻烦语的叙述者在听到建议后给予的感情回应。因为建议出现在完整讲述之后，所以推动整个话轮向前发展。

分享类似经历。在麻烦语中，接受者有时会通过分享类似经历来回应叙述者。分享的类似经历会产生讨论，同时搁置话轮的发展。这时，谈话双方有可能记起原话题从而延缓麻烦语的话轮发展，也有可能会引起另一新的话题而使原有 troubles talk 暂时忘记 (肯定有一些更吸引双方的注意力的地方)。

例如：

U：我上次也是啊：：比你还惨呢那阿姨真的挺过分的 (.) 上次我都叫我们宿舍人去找她进去开门了 (.) 她还不给开呢：：我一直在外面冻了半个小时人家才磨磨蹭蹭地出来 (.) 边开还边

[骂呢：：

Y：[那阿姨好像干什么事都很慢动作啊：听她说话也很慢

U：但是她眼神超快超好使上次我领个同学想混进来 (.) 可她一下就认出来了

Y：haha 这阿姨还很会打扮的 (.) 别看人家老了↑

该例就属于第二种情况，麻烦语的叙述者 Y 在讲述她的遭遇过程时，接受者 U 便开始分享相似经历"我上次也是啊：：比你还惨呢……"，以此来回应叙述者，暂且延缓了麻烦语的话轮发展。由于交际双方有类似的经历和共同的知识背景，于是围绕"那阿姨"展开讨论开启了新的话题，使原有麻烦话题继续搁置并忘记。原因是"那阿姨"对交际双方来说是一个更感兴趣的话题。这样就再一次延缓了麻烦语的话轮发展。

提出假设。这里的提出假设与展开想象同义，指的是假设或想象某种并不存在的情境。这种假设包括两种：一是更好的情境和更坏的情境；二是某事过去并未发生或某事将来即将发生。假设往往由麻烦语的接受者提出，因为麻烦事件对于叙述者来说是既成事实，没有假设的可能。不管是好的假设还是坏的假设都是接受者出于安慰使叙述者觉得现在的情况不是特别糟糕，减少不好的情绪，这两种假设都推进了话轮的发展。

例如：

L：哦：：反正孩子也不是我一个人的 hh(0.2) 这不后来不行了 (.) 这不是不能上了：：人家规定的就是三年 (.) 她 (0.1) 一句我的话也不听 (.) 哎：：

S：哎：：那算是就差半年 (.) 可惜了：：忘了那会儿改了是的 (.) 要是改了多好啊：：孩子就能去所好学校

L：后来就更没希望了

该例中麻烦语的接受者 S 以提出假设作为回应方式"忘了那会儿改了是的 (.) 要是改了多好啊……"这样与事实相反的假设表达了对叙述者 L 的理解和安慰，推动了话轮的发展。于是，可以看到叙述者又继续讲述麻烦事件。

(五) 批评

提出批评在麻烦语中很常见，但只有在关系较密切的人之间才会发生，比如：父母和孩子之间、夫妻之间、家庭成员之间或是亲密朋友之间。同时，还会伴随有生气、责备等情感回应。回应者出于关心，急切地想解决问题反而解决不了，使得话轮无法进行。

例如：

D：你说气不气人？

M：hhh 哎：：你也是的，这得怪你 (.) 谁让你平时有事没事就给他打电话打那么多：：浪费钱不说打了电话也没个正经事废话连篇的 (.) 还逼得要陪着和你说话：：别说他了：我听的都快烦的快受不了

(0.2)

D：切：：

M：现在人家不接了吧 [你就是

D：[妈：：你倒是向着谁啊？

该例中麻烦语的参与双方是母女关系，关系较密切。麻烦语的接受者M选用批评性语言“你也是的，这得怪你 (.) 谁让你平时有事没事就给他打电话打那么多……”来回应叙述者，希望可以改善或解决叙述者所遇到的问题。但是，事与愿违，非但没有解决反而促使麻烦语话轮的结束。

开玩笑。通常麻烦语涉及的话题比较严肃，会令麻烦语的叙述者和接受者不快。但是，有时为了减轻叙述者的焦虑情绪和精神负担，或是为了改变这种糟糕的语言环境，接受者会以开玩笑的方式回应麻烦的叙述者。

例如：

N：哎呀：：我的妈呀：：hhhhh 杀了我吧！听见就崩溃了

H：就是说嘛：：电脑前坐的太久了 (.) 哎：：我怀疑我得了颈椎病了

(0.3)

M：分不清到底是颈 (.) 还是椎 (0.2) 颈就是颈：：椎就是椎：：hahaha

N：hahaha

H：hahaha 你这家伙

该例中，麻烦语的接受者 N 在听完叙述者讲述后回应“杀了我吧，听见就崩溃了”，而另一接受者 M 为了改变压抑的语言环境选择了开玩笑来回应叙述者“分不清到底是颈还是椎……”引发了所有人发笑。在这种情况下，麻烦语的接受者通常不愿意就此事件继续讨论下去，进而选择开玩笑快速结束了话轮。

总之，作为一种特殊的话语类型，“麻烦语”时时刻刻发生在人们日常生活当中。它已经被看作是人与人之间交流的一种方式，非常值得研究。它会在一些会话中完整地出现，也会在其他情况下发生扭曲而不完整。麻烦语的接受者在整个会话过程中起着非常重要的作用，或从某种意义上说，起着决定作用，接受者的不同回应方式可以影响话轮的发展。

第七节　笑的语用功能：会话分析的视角

在汉语交际互动中，笑是人类最常见的表情之一，它能表达我们的情感，展示我们的内心想法。本节截取崔永元主持的电视访谈节目《小崔说事》中的对话作为分析语料，运用会话分析理论，探讨笑在交际互动中的语用功能。研究发现，笑是言语交际中的重要一环，它具有邀请、接受、表达、缓和的语用功能，这些功能在对话过程中相辅相成，共同起作用。

人类的表情丰富多彩，笑则是最常见的表情之一。笑能够表达情感，展示内心想法。高兴的笑、悲伤的笑、无奈的笑、绝望的笑……不同场合，怀着不同心情时，笑的方式和种类何其之多，笑所起的作用自然也就不尽相同。各种不同的笑有各自深刻的内涵，它造成的影响更是因人而异、因时而异。

“笑一笑，十年少”这句脍炙人口的俗语虽然夸大了笑的作用，但也说明了笑大多有益于人的身心健康这个观念早已深入人心，甚至还出现了“笑疗”这种治疗方法。现代医学进一步证明，笑确实可以配合药物治疗，使许多疾病得以康复或转危为安。

本节试图运用会话分析理论对汉语交际互动中的笑进行分析研究，探讨笑的语用功能，重点考察笑如何推进会话的顺利发展。

人类交际分言语交际（verbal communication）和非言语交际（nonverbal communication）两种。非言语交际是指一个人（或多个人）不利用言语形式或只利用副语言形式所传达的信息被另一个人（或多个人）接收的交际行为。在安德逊关于非言语交际系统的划分中，研究声音的非言语成分所传达的信息的是副语言。笑就属于其中功能性发声的一类（林大津，1996：224）。

在交际活动中笑有着极为重要的作用，但不同文化对笑有着不同的解释。在具体的社会语境中，笑有着不同的语用含义。也就是说，即使在同一场合、同一语境下，来自不同文化背景的人对笑也有着不一样的解释（肖芳英，2010）。例如，在商务谈判中，美国人认为微笑是一种热情的表征，所以美国人喜欢笑逐颜开。而法国人对微笑比较谨慎，他们只在有明显的理由时才会笑。而日本人在谈判过程中基本上不笑，只有在最后签约时才面露微笑。对日本人来说，在谈判桌上随意微笑是不严肃的表现，甚至是恶意的嘲笑。

中华民族是个爱面子的民族，因此在某些场合中国人为了顾及对方的面子而出现的笑声容易引起外国人的反感。例如中国人看到别人摔跤，可能会发出笑声，这种笑外国人却认为是幸灾乐祸、没有同情心的表现。其实，这种笑对中国人来说是有着消除尴尬的作用，而当事人也往往自嘲地笑笑或开句玩笑来缓冲尴尬。当然，如果当事人受了重伤，那就另当别论了，人们通常会上前相助，而不会一笑置之。

尽管笑在不同的国家中有不同的文化内涵，但是它作为一种通用语言的功能却无可替代。很早以来，哲学家、心理学家、语言学家和美学家分别从各自不同的角度和切入点研究幽默问题。在西方大致有三种主要的理论框架，即社会行为角度的“优越 / 蔑视论”（Superiority/Disparagement）、心理分析角度的“释放论”（Relief/Release Theory）、心理认知角度的“不和谐论”和“乖讹 - 消解论”（Incongruity Theory）。

17 世纪英国的社会学家和哲学家霍布斯提出了“突然荣耀说”，亦可称之为“优越感说”。这种理论把笑看作一种攻击行为，通过嘲笑或蔑视别人或事物来显示自己的优越，人们在发笑中获得满足感。释放论认为笑是一种压力的释放，是对压抑神经的一种放松。19 世纪英国学者斯宾塞在生理学的基础上参照心理分析最早提出了著名的笑论“过剩精力超溢说”。从这种理论的角度来看，幽默和笑可以用于放松心情，松弛神经，解除压抑，给发笑者带来快感。18 世纪德国主观唯心主义哲学家康德提出了“期待突然落空”说。这种学说将笑当作是一种从紧张的期待转化为虚无的感情。乖讹论的基本观点就是认为乖讹是一切幽默引人发笑的基础，只要出现与常规不一致，这种不协调就会惹人发笑。

综观以上三种理论，每个观点对幽默的解释都有自己独特的视角，但都是不完备的理论，只能对特定的幽默类型做出合理解释。当然，这些理论还是为分析幽默产生的心理机制打下了良好的理论基础。

与西方相比，汉语中的幽默研究可以追溯到先秦诸子百家，如《庄子》、《孟子》、《韩非子》，宋元明清时期也出现《笑林》、《笑录》等幽默作品。通过粗略统计，目前国内学者对言语幽默研究以语用角度居多，并多从合作原则、预设、关联理论和语境等视角入手。其次是将修辞作为切入点，如双关、委婉、曲解、讽刺等。而运用认知语言学理论研究言语幽默则很少。事实上，言语幽默的表征与解读，都是非常重要的认知课题（刘国辉，2006）。

20 世纪 70 年代社会学中出现了着重分析人们日常谈话的倾向，会话分析开始得到越来越广泛的注意。笑作为日常谈话中常见的非言语交际行为，自然也就成了研究的对象。根据我们目前所掌握的材料，最早使用会话分析理论研究笑的是 Gail Jefferson。虽然目前我们对笑声和语言的关系了解还不是很多，不过已有的研究表明，笑作为一种社交工具，在很多情况下有调节谈话的作用。Jefferson 还观察到笑点一般位于对话过程中。在会话的一方看来笑并不是预期的，而另一方则是要解读笑的含义。在某种语境下，第一次的笑显示出对话过程中说话人的倾向。笑在会话过程中的位置也能从中看出它出现时的序列环境。Glenn（2003）在 Laughter in Interaction 一书中指出，笑能够很好地配合个人的语言和各种社会行为。笑还是不笑，谁先笑，谁后笑，对于这些问题的探讨可以帮助会话参与者调整自己在会话中的地位。

最近，国际著名刊物 Journal of Pragmatics 特地刊登专辑论文，学者们对互动中笑声所起的作用也提出各自的见解。比如，Haakana 的研究表明，听话者承认前一个话轮的可笑之处，也可以表明听话者接受了其中的含义；Mark（2010）分析了专业会议上出现的笑声，指出人们之间的关系可以通过笑声得到重组；Potter&Hepburn 则发现，有的时候，在交谈中插入笑声意味着交谈产生了互动障碍，而插入的笑声可以标示出说话者的立场。使用会话分析的方法对笑的语用功能进行考察，发现笑在交际互动过程中实现了等级制度，笑既可以拉近人们之间的关系也可以使人们产生敌对情绪。

在对笑一系列探讨过程中，我们对笑的理解认识也在不断提高。鉴于目前国内外学界借助汉语语料对笑声语用功能进行分析的相关研究较少，本节拟在这方面做一粗浅尝试。

笑的语用功能。在会话分析理论框架中话轮转换规则是个重要的概念。当会话一方发出笑声，此时就位于话轮转换相关位置，下一说话人对该笑声的反应一方面可以显示出听话人在会话中的立场，另一方面也可以从中了解到说话人发出笑声的隐含意义，从而感受到笑的语用功能。

笑的邀请与接受功能。Jefferson（1979）发现，交谈中通常一方首先发出笑声，而后别人对笑做出回应，从而实现交际的互动，她把这种话轮转换的结构表现形式叫作邀请-接受的相邻对。交谈中一方发出邀请，另一方应做出相应的回复。当然，回复的方式可以有多种多样。当人们对邀请的笑也同样报以笑声回应，这就是产生了笑的共鸣。除了微笑或者笑，点头、面带笑容并用言语回答等等都可以作为对邀请的笑的答复。此时表示回应的笑声就表示接受的含义。请看下例：

（1）（《小崔说事》，"本乡本土赵本山"，2011－02－15）

崔永元：那您这不好的习惯哪儿学来的?

观众：eheh heh［heh

赵本山：嗯：：［enheh heh

崔永元：nh nh

赵本山：£不好的（hh）习惯（hh）是学生惯出来的£［heh heh hah hah hah heh heh

王雪纯：［° heh heh° ↑ hah hah hah hah

观众：［heh heh heh heh heh（（鼓掌））

在这段对话中，主持人崔永元指出赵本山训练徒弟相当严格。赵本山回忆自己学师的时候并没有受到师傅严厉对待时，崔永元开玩笑地将赵本山这种严格训练徒弟的行为比作习惯，然后询问"那您这不好的习惯哪儿学来的？"观众感受到这句话的玩笑之意发出了笑声，赵本山在停顿了1秒左右，接受了观众笑声的邀请，也发出了笑声。之后，赵本山语带笑意地回答了主持人的问题，在回答过程中感受到该问话笑点的进一步笑意，于是在话语结束时马上再次爆发出了笑声。观众和另一主持人在赵本山笑声的邀请中也再次感染了该笑点可笑之处，接受邀请，产生共鸣。

由此可见，在交际互动中笑确实有邀请和接受的语用功能。这项功能有助于增进互动各方对话语的理解，使得会话参与者在接受笑的邀请的同时调整了各方的关系，拉近了各方之间的距离。

笑的表达功能。然而，并不是所有交际互动中的笑都一定以邀请-接受这个相邻对的完整形式出现。会话中各方对另一方的笑有着自己的理解，不可能对所有的笑都无条件、不加考虑地全盘接受。交谈中一方引出笑点，发出笑的邀请，在转换相关位置时如果另一方不接受，在下一个话轮中转换话题，这时发出的笑声在互动中就不再是邀请而是发挥其表达的功能。

下面对话中，主持人崔永元采访了中国政法大学新闻与传播学院的院长宋建武先生。80后遇到宿舍中各人生活作息习惯不同这个问题时，向老师建议将习惯相同的人分配在同一寝室，崔永元和宋建武先生对这个解决方法发表意见。

（2）（《小崔说事》，"这个交警不寻常"，2009－08－23）

崔永元：那早睡早起的那个（.）那个寝室那就像部队的：营房

宋建武：eheh heh[heh heh

崔永元：[是吧

崔永元面带严肃地说出“那早睡早起的那个寝室那就像部队的营房”。众人皆知，部队的作息是制度化，相当严格的。崔永元用这样的口气，这样的表情说出这句话，给人以这样的印象：早睡早起的寝室作息十分有规律。宋建武先生感觉这样的比喻很有意思，于是发出了笑声。但主持人或是观众并未受其笑的影响，因此宋建武先生这次的笑只是表达了自己对崔永元这样形容的认识。宋建武先生的笑充分表明了笑在对话中具有表达的功能。

笑的缓和功能。笑在会话交际中除了表示出以上三种含义之外，还可以起到缓和气氛，淡化严肃话题，活跃僵持氛围的作用。李海辉（2008：32；更详细的讨论可参见 Caffi，2007）在对电视访谈节目的话语缓和的研究中将语用缓和功能定义为说话人为了达到其交际目的而采取的弱化施为力度、减缓负面效果的策略。笑在话语中也有着相同的语用缓和作用。电视谈话节目追求的是生动活泼的现场气氛。崔永元主持的这档《小崔说事》邀请的嘉宾各种各样，既有普通大众，也有资深学者。第一次出镜或发言的紧张、学者严肃的话题、对深刻问题的思索……都会造成冷场，遇到这类情况，笑就能很好地发挥缓和功能中的人际功能，维持、改善人际关系，成为良好的调和剂。

（3）（《小崔说事》，“老少三国”，2009 — 12 — 13）

崔永元：沈先生我很冒昧啊，您跟他同龄。

沈伯俊：（.）（（点头））

崔永元：他 9 岁

沈伯俊：= 恩

崔永元：您 63 岁

沈伯俊：= 对

崔永元：6 加 3 等于 9，您看我算得好不好 [（（面带笑容））

沈伯俊：[ehah hah hah hah heh heh heh

观众：[heh heh heh heh heh heh heh

这次崔永元请来了四川省三国文化研究所所长沈伯俊先生，老先生是个研究三国文化的教授。这位老教授一上来就表情严肃，没什么笑容，给人一种老学究的感觉，现场气氛马上就从刚才采访小朋友那种轻松愉快的氛围中冷淡了下来。为了恢复刚才那种和谐的交流场面，崔永元告诉大家了一个看似荒谬的说法：沈老先生和三年级的小朋友同龄。大家对这个说法都是一愣，包括沈伯俊先生。最终揭晓答案的时候大家都感受到了其取巧之处，引发了主持人、观众、嘉宾的愉悦感受，缓和了现场的气氛，增进了交流，消除了隔膜。

每期《小崔说事》刚开始时，崔永元总会向现场观众提出一些与本期话题相关的问题，而这些话题通常都包含笑点。观众在这些笑点中缓解了自身的紧张感，从而为节目营造出良好的谈话交流氛围。总之，笑在缓和气氛上有着自己独特的作用。

可见，话语实际运用过程中，语言虽然能够明白地表示自己的立场，但是笑也是一种重要的交际策略。在话语交际场合善于运用笑的邀请、接受、表达、缓和的语用功能就可以发挥与言语相同的作用，甚至比言语更有力量。

俗语有云：一笑泯恩仇。虽然夸大了笑在人与人交流中的作用，但是运用会话分析理论对汉语交际互动中的笑进行分析研究可以了解到笑的确有助于实现人们更好地融洽相处。笑的邀请、接受、表达、缓和等语用功能在现实交际活动中不可能单独起作用，而是在对话过程中相辅相成，相互配合，互为补充，共同起作用。总而言之，正确运用笑的语用功能有助于交际获得成功。

注释：

①转写规则请参见 Glenn（2003：xi）。

[ ] 方括号表示重叠的话语。

= 表示在一行话语的结束和另一行话语的开端，或者表示在一行话语的内部没有间隔。

（.）圆括号内的点表示极短的停顿，一般少于 0.2 秒。

（2.0）圆括号内的数字表示以秒为单位的停顿时间，如（2.0）表示 2 秒的停顿。

ye：s 表示冒号前面声音的延长，冒号越多表示延长越久。

yes。句号表示下降的语调。

yes，逗号表示相对平稳的语调。

yes？问号表示上升的语调。

yes 下划线表示强调。

° yes° 度数符号表示该符号中的言语比周围的声音相对要轻。

hhh 表示笑声中的呼气。

.hhh 表示笑声中的吸气。

ye（hh）s 把“h”置于一个词语中间表示一边笑一边说这个词语。（（cough））双圆括号表示其中属于非言语成分或是转写者认为有关联的信息。

↑ yes 上升的箭号表示上升的语调，放在开始发生变化的词语之前。

↓ yes 下降的箭号表示下降的语调，放在开始发生变化的词语之前。

£ yes £ 英镑符号表示在说该符号中的词语时包含了微笑的声音。

第八节　会话修辞学视野下答辩互动会话分析

学位论文答辩会话是以目的为导向的学术机构话语，关注答辩互动的会话效果。基于会话修辞学视野下的答辩互动会话语料的分析，指出每一个成功有效的答辩互动贯穿着会话修辞学勾勒的四个层面互动：预备阶段的互动、说者发出并由听者解读信息的互动、信息交换的互动以及超语言的互动。本研究揭示了答辩人在追求答辩小组的修辞和超语言目的的实现过程中如何有效地准确把握答辩小组发问的发问意图和目的，从而提高答辩互动的会话效果。

针对目前学位论文答辩互动不尽人意，在拙文《基于答辩会话发问类型的答辩应答策略研究》中，我们认为：“造成原因多种，原因之一是答辩应答者对于答辩发问的类型和功能缺乏必要的认识。”鉴于实现答辩互动会话效果意义重大，本节拟从会话修辞学角度对答辩互动进行重新探讨，旨在加深对答辩互动会话机制的理解和运用。

在本组答辩互动中，答辩人和答辩小组之间有问有答(辩)，仅从结构序列上讲，互动序列组合完美，无可挑剔。然而，从答辩互动会话的有效性，亦即会话效果上看，该答辩互动是不尽人意的，至少存在着“对于答辩发问的类型和功能缺乏必要的认识”尽管对于答辩小组的发问而言，答辩人做出了愿意应答的发话行为，构成了答辩互动的基本序列，然而所给出的会话行为因没有领会答辩发问的意图强辩而没有达到应有的会话效果，从而使答辩互动不尽人意。那么，作为答辩人，如何才能准备把握答辩发问的意图和目的，实现答辩互动应有的会话效果呢？如何才能更好地贯彻答辩互动应有的答辩机制和答辩策略呢？

一、会话修辞学视野下的会话互动

会话修辞学概述。据顾曰国介绍，“会话修辞学”这个术语是利奇于 1981 年首先提出，用来指一组会话原则，诸如“合作原则”、“礼貌原则”等等，后来顾曰国扩大了利奇的会话修辞学思想，将其定义为对日常会话进行修辞分析的一门学问。基于哲学的目的论和行为论，一般认为人们使用语言是一种行为，会话中的话语是话语行为，会话中的话语(一句话或一段话)都是有目的的话语行为，顾曰国认为会话修辞学的研究对象是会话效果，即考察话语参与者双方如何通过话语互动交易过程中实现发话者的修辞和超语言目的。

所谓超语言目的，就是对于诸如“请把电视机打开”这个话语行为，虽然与打开电视机开关的行为相似，但前者这个话语行为有打开电视机按钮的目的，完成这样的目的超出了话语交际的范围，即为“超语言目的”。实际上，同非话语行为一样，话语行为可以有一连串的超语言目的。会话修辞学探讨的是实现会话效果中首要的超语言目的。在实际会话互动中，一旦说者拥有超语言目的，接下来就是选择适当的话语以达到影响听者采纳说者的超语言目的“修辞目的”，来实现预期的会话效果。

譬如说者要实现他的超语言目的“打开窗户”，当决定使用话语这个手段时，可以有直截了当地要求听者把窗子打开，也可以间接地暗示听者等。一般来说，语言系统为使用者提供了多种选择，如：打开窗子！/ 请把窗子打开。/ 开开窗子好吗？/ 这个窗子能开吗？/ 透新鲜空气吧。/ 我感到好闷。/ 房间里好闷。/ 等等。究竟选用哪一种话语形式来实现“打开窗子”的超语言目的呢？得根据当时的话语环境来确定。话语选用得恰当与否会直接影响到听者是否愿意采纳说者的超语言目的。要实现会话互动的会话效果，说者有一个超语言目的后，就要选择一种表达其“修辞目的”的话语行为。

当然，会话效果是一个说者和听者相互作用的交易过程。这个“修辞目的”能否达到预期的会话效果，取决于听者是否愿意采纳说者的超语言目的并作出具体反应。听者不但愿意采纳说者的超语言目的，而且要做出具体的反应，实现说者的修辞目的，才能说会话效果亦已完成。总之，会话效果的实现与否依赖于话语参与的听者是否实现说者的修辞和超语言目的。

会话修辞学视野下的会话互动四个层面。考察一个会话互动的会话效果是否达到预期的效果，会话修辞学视野下的会话互动一般涉及会话互动四个层面：预备阶段的潜在互动、说者发出并由听者解读信息的互动、信息交换的互动以及超语言的互动，其中第一和第二层面的互动属于语用合作阶段，第三和第四层面的互动属于会话修辞合作阶段。语用合作阶段对参与者的合作有很强的信心，因而对合作程度要求较低；而会话修辞合作阶段对参与者的合作信心不足，因而对合作程度要求较高。

会话互动的预备阶段。一个重要的前提是一个潜在的会话者愿意会话 (斯珀伯和威尔逊将其称为“会话意愿参与者”在会话开始之前，说话者有一个预先的会话目的，潜在的听话者愿意采纳说话者的会话目的，这样就构成了会话互动的最初起始阶段：说话者和潜在的听话者构成了话语互动双方，并预设了相互交流的可能会话目的。

说者发出并由听者解读信息的互动。随着会话预备阶段的建构，说话者和听话者就真正参与到具有真正意义上的互动层面，说者传递 / 听者解读信息的互动，也即说话者通过话语传递出信息，而与此同时听话者解读该话语并得到信息。没有这种互动上的合作，就不可能构成一个会话的互动。

信息交换的互动。当然，只有说者发出并由听者解读信息的互动不能构成一次真正意义上的会话互动，还必须要求听话者对说话者的信息做出信息的反馈。这样，会话的互动就进入到第三个层面上的互动，亦即信息交换的互动。说话者向听话者发出信息，听话者针对说话者的信息做出信息的反馈。

其实可以处理成实际发生的两次互动，即实现说者发出并由听者解读信息的互动，也实现了信息交换的互动：廖老师发出话语——小柯理解话语构成一次话语交际过程，属于我们讨论的第二互动层面；小柯做出回应——廖老师理解话语构成另一次交际过程，属于我们讨论的第三互动层面。

在实际面对面的互动会话中，这两个层面的互动连同起始准备阶段可以相互独立发生。可以不需要发生说者传递 / 听者解读信息的互动，在愿意听的阶段就有可能发生，比如，听话人乐意听所说的信息却不能解读；也可能发生没有信息交换的互动而进行的说者传递 / 听者解读信息的互动。譬如，说话者的信息被解读了，但听话者不愿意提供进一步的信息，或者说话者的谈话被偷听或窃听，因此被一个根本就没有交换信息目的的闯入者或窃听者解读了，等等。这样处理的一个好处是有利于听者更好地把握说话人话语的意图和目的，实现话语表达效果。

超语言的互动。这个层面的互动是建立在信息交换互动基础上的，说话者的话语不仅使听话人发出话语的反馈，同时要求听话人做出行为性反应的互动，这是超语言的互动。对合作程度要求更高，是因为话语互动一般都会参与超语言的意图和考虑，而不仅仅只是信息的交流互动。

如 (2)，小柯的回应至少让廖老师领会了小柯还没有打开邮箱查看文章诸多问题的事实，而小柯也可以装作没看到邮箱里老师对文章挑出诸多问题而摆脱眼前见到老师的尴尬场面，从而实现各自的超语言目的，无论是思维上还是行为上的。

又譬如，“你能把盐递给我吗？(Can you pass the salt?)”在大多数交际语境中，说话者的目的或意图是什么呢？显然不是询问对方是否具有把盐递过来的能力，而是在向对方发出请求对方把盐递过来的行为。对方可以直接将盐递给对方，而不进行口头回应，也是有效的会话互动。在另一语境中，当说话者询问“你有一些水吗？(Do you have any water?)”，听话者可以做出超语言的互动“有(然后提供说话者一些水)(Yes.(and then give him some water)”这种互动有赖于听话者的高度积极地合作，因而会话互动的效果是最佳的，也是会话修辞学追求的最高境界，实现了会话双方在会话中相互作用并达到修辞和超语言目的的交易过程。

当然，听者的反应有话语交际和超交际的层面。所谓交际层面是指听者用会话知识理解说者话语的反应，超交际反应指听者理解话语之后做出的反应，包括机制性反应(反射型，如被大声说话吵醒等；冲动型，如某种语调所引起的恐怖或不乐意等；)、情感性反应(如感到内疚，感到高兴等)、认知性反应(如认识到某一事实，相信某人等)、行为性反应(如打开电视机等)和话语性反应(如回答问题，提出反问等)。其中话语性反应在会话中的作用相当复杂，需要分析诸如会话的超语言目的结构，超语言的命题图式，目的采纳的制约因素，会话的衔接；会话的修辞发展等。如果上文中请求者发出“你有一些水吗？(Do you have any water?)”，可能听话者有水，但由于请求者的话语行互动表达不当，导致听话者不愿意提供水给请求者，产生不同的修辞目的的表达，做出不同的话语行反应，告诉请求者水用完了。

总而言之，会话修辞学视野下的话语涉及以上四个层面互动，关注的是在会话双方交易过程中的会话效果，最终达到会话的修辞和超语言目的实现。通过在一次话语互动交易过程中听者追求实现说者的修辞和超语言目的的探讨有利于听者更好地把握说者的话语意图和目的，实现话语效果，不失为我们探讨答辩互动话语意图和目的，追求答辩效果的一种新的视角。

二、会话修辞学视野下的答辩互动会话分析

我们认为，学位论文答辩会话是以目的为导向的学术机构话语，关注答辩互动的会话效果。既然答辩互动会话双方的目的明确地预先设定并且答辩互动是以目的为导向、具有很强策略性的学术话语，那么对于答辩人来说，关注答辩互动会话效果，如何在会话互动的相互交易过程中实现答辩小组的修辞和超语言目的的会话效果意义重大。下文基于会话修辞学视野下的答辩互动会话分析，结合我们收集到的一个真实答辩互动语料微观探讨如何有效地把握答辩小组的话语意图和目的，实现发问者的修辞和超语言目的，实现理想的答辩会话效果。

答辩互动的预备阶段。一旦确定答辩，就客观上预先设定了答辩会话互动的双方：答辩人和答辩小组3-5人，组成答辩互动的两方，构成了会话修辞学视野下的会话互动的预备阶段。

在答辩开始之前，答辩双方均有一个预先明确的会话目的，亦即对于答辩小组而言，答辩就是检验学位申请候选人即学位论文答辩人的理论专业知识以及相关的如答辩的反应能力等素质，为审定学位授予的依据；对于答辩人而言，通过前期的学位论文撰写，进行到学位论文答辩这最关键一步，就是通过针对答辩小组提出的各种发问进行有理有据的应答和辩论，展示自己理论专业知识以及其他相关的能力和素质，达到相应的学术水准供答辩小组审定学位授予的依据。

答辩小组发问并由答辩人解读发问意图的互动。随着答辩互动的开始，答辩双方进入到真正意义的会话互动层面。对于答辩小组的发问，答辩人必须做出积极地应答和辩论。否则，答辩互动就不能顺利进行，就谈不上取得好的答辩会话效果。

根据笔者的语料收集和拙文《基于答辩会话发问类型的答辩应答策略研究》的结论，答辩小组的发问不外乎“答辩发问，本质上不同于法庭利益冲突明显而设置陷阱重重的修饰性发问，是以检验答辩应答人的学术水平和理论知识水平的证实型和探求性发问为主、而非以信息交换为主的真实性发问；以内容为主而形式的规范化不可偏废的机构会话互动”，也就是，答辩小组的发问不是一般意义上的发问，是在答辩小组预先设定的会话目的的驱动下的发问。如上文给出的 (1)(为分析论述的方便，随机节选其中一个互动)：

语境是在讨论过网络语言的功能之后，开始接着讨论论文参考文献的问题。答辩小组发问“你是否读过韩礼德的原著？”不是韩氏诸多的原著一般意义上一部或多部，而是围绕论文撰写过程中的原著，特别是论文引用或撰写中关键的原著，这可以从答辩小组后面特意重复的“韩礼德的？”可以明白答辩小组的问话意图和目的。答辩人接收到答辩小组的发问后，需要做的就是仔细解读发问的意图和目的，以达到答辩小组的修辞和超语言目的。

答辩小组发问并由答辩人应答的互动。答辩小组发问后，答辩人要做出及时的应答，长久的沉默使互动处于停止状态不是一种最佳的答辩效果，究竟如何做出有效的应答呢？根据会话修辞学的观点，信息交换的互动过程中，说话者向听话者发出信息，听话者针对说话者的信息做出信息的反馈，这样一次信息的互动就包含了两轮的发出 / 解读信息的互动，详见上文会话修辞学视野下的会话互动四个层面的第三部分的论述。

种种应答话语形式和应答策略中，哪一种应答可以实现答辩小组的修辞目的，追求到预期好的答辩效果呢？

我们知道，在会话互动过程中，说者不仅要传达话语信息，而且要使听者同他合作，采纳他的超语言目的。由于有了这个修辞目的，亦即选择适当的话语以达到影响听者采纳说者的超语言目的的目的，说者往往对他的表达方式有更高的要求，即表达方式不仅要能够传达信息，而且要有助于达到修辞目的。在此答辩互动中，答辩小组有“检验学位申请候选人即学位论文答辩人的理论专业知识以及相关的如答辩的反应能力等素质，为审定学位授予的依据“的超语言目的，以及“答辩人同答辩小组合作采纳答辩小组的超语言目的”这个修辞目的，所以答辩人的答辩策略就是从一系列的可选答辩应答中寻求最合适的答辩应答形式达到答辩小组的修辞目的，让答辩小组有效地检测出答辩人的学术水准，实现是否授予学位的超语言目的。但是，不同的答辩应答话语形式传达不同的信息和信息结构。

既然答辩小组的发问就是针对你没有读原著而从二手资料中引用理论来作为论文的文献框架的写作态度的不严谨出发的，最好是避开这个尖锐问题或者就是坦诚承认自己的不足以求得答辩小组的谅解，从而实现自己的超语言目的。从后续的答辩序列来看，答辩小组就是针对不严谨的态度而多轮发问，可惜答辩人根本就没有意识到答辩小组的发问意图而采取一

系列不当的答辩应答话语形式，尤其是该应答序列中的过量信息应答。(关于这一点笔者将另文详细探讨)

关于答辩应答中究竟采用哪种答辩应答话语形式，去实现答辩应答互动的修辞目的，要根据答辩当时的环境而定，但有一点可以肯定的就是对答辩小组的发问意图的把握，这种把握是建立在对答辩小组的发问的修辞目的和超语言目的的理解基础上的。

当然，以上分析是针对一个答辩微观互动进行假想分析，带有很强的主观性，与实际答辩的互动稍有一定的差距。但这是目前话语意图研究，或是话语性反应在会话中的作用复杂性表现不可避免的一种尝试，具体的深入研究还有待进一步的推进。

答辩双方的超语言互动。答辩互动的超语言互动是建立在答辩双方整个的答辩互动的基础之上、根据答辩人答辩应答的话语形式和非话语反应性表现而做出多个的超语言目的互动，如表扬赞许，或批评，或指出问题等多个超语言目的的综合评判基础上做出的超语言目的：通过答辩或论文答辩通不过；答辩人的超语言目的的表现是高兴或是沮丧，抑或是重新进一步的修改等，既有答辩人发出话语的反馈，发表感言或为论文本身进一步的申辩等；同时要求答辩人做出行为性的反应的互动，兴奋或体态语的表现。这是答辩互动的结果，关键取决于答辩人如何把握答辩小组的修辞和超语言目的而做出的有效答辩应答话语行为。

结合答辩互动话语语料进行基于会话修辞学视野下的四个互动层面分析，表明这一分析视角可以有效地指导答辩人在追求答辩小组的修辞和超语言目的的实现过程中实现针对答辩小组发问的发问意图和目的的把握，从而提高答辩互动的会话效果。

会话修辞视野下的答辩互动可以从一个微观的话语互动来审视整个答辩互动的会话效果，也可以从宏观上把握整个答辩互动的完满进行，特别是把一次话语转换当作四个不同层面的互动进行分析，追求实现答辩互动双方修辞和超语言目的的交易过程。本节的尝试旨在更好地理解答辩互动会话性质，从而有效运用答辩策略，提高答辩互动会话的质量；对于指导答辩人把握答辩过程中对答辩小组发问的意图和目的，从而做出符合答辩小组的修辞和超语言目的的答辩互动的会话效果，或更广泛意义上说，为话语的目的性或意图性研究开辟新的尝试和有益探索。

第九节　语言经济学视角下的跨文化商务会话分析

从语言经济学角度探究跨文化商务会话是一种新的尝试。随着世界经济一体化的日益发展，语言的经济属性日益凸显。不同于传统商务会话的单一理论分析，以语言经济学为基础结合语言学中的会话原则从不同角度分析跨文化商务会话，可以使我们了解到语言在商业活动中的经济价值，为以后各种跨文化经济活动提供一些指导和借鉴。

语言经济学是以语言学、经济学为主，同时涉及社会学、教育学等多门学科的交叉性边缘学科。20 世纪 60 年代由美国学者 Jacob Marschak 正式提出并在随后的几十年间受到国内外广泛关注，虽然国内关于语言经济学的研究起步比国外稍晚，但发展势头十分强劲。从最初的文献理论研究到目前以实证为主的专题探索，无不标志着我国语言经济学研究的日趋完善。特别是自 2004 年山东大学建立国内第一个语言经济学研究所后，十几年间取得了一系列科研成果，为语言经济学在我国的进一步发展奠定坚实的基础。尤其值得注意的是宁纪鸣博士发表的《汉语国际推广：关于孔子学院的经济分析与建议》更是作为国内第一个语言经济学应用的实证性研究成果（黄少安，2012）开启了应用性研究的先河。除此之外大多数的实证研究还是集中于宏观层面上的学科政策制定分析和高校教育发展研究，鲜有涉及社会交际领域。本节着眼于国内第三代语言经济学中语言对国际贸易的影响（苏剑，2010）从微观层面分析语言经济学在跨文化商务沟通方面的应用，把语言经济学的相关属性和商务会话中的沟通原则相结合做整体性分析。

一、语言的经济属性

市场条件下，人们的各种经济活动本质上都是社会资源的相互交换，以此实现资源利用最大化。语言作为交换的工具同样具备经济属性，每次交换结果的满意度就是衡量语言价值的尺度。语言的经济属性最早可追溯到亚当·斯密，他在《国富论》中明确阐述人的交易需要语言，语言为市场交换和交易提供条件，最令人深刻的莫过于他举的“从未见过两只狗进行骨头的交易”的例子。而语言学的奠基人 Jacob Marschak 认为语言的最优化与经济存在密切联系，并提出语言也具有价值、效应、成本、和收益的特征。John Baugh 在其《经济语言学理论的维度》一书中说过“语言是一种经济商品，具有商业价值”。如今，语言更是作为人力资源的重要部分广泛的参与到社会经济生活中。统计表明 2015 年欧盟语言行业市场总值达到 200 亿欧元（《2009 年欧盟语言行业市场规模报告》）。狭义上，语言能力作为劳动力的重要构成要素在很大程度上影响甚至决定人们的经济收入；广义上，国家语言规划、语言政策和语言产业的效果评价及成本和收益测算结果都由语言决定，这直接影响到国家政策的制定和实施。

贸易全球化背景下，国际贸易在我国经济总量中所占比重逐年升高，商务会话作为贸易成败的核心及双方利益博弈的主要阵地被广泛关注，并且双方的最终经济效益完全取决于局中人是否选择了最优的语言行为策略。经济学中的磋商研究就是在博弈论的基础上进行的，而语言经济学就是把语言当作一种变量，用经济的方法和工具分析语言使我们了解商务会话中交谈者之间的博弈，理性分析谈话人为追求经济利益最大化所选择的言语策略。

二、跨文化商务会话的经济学分析

语言经济学和经济语言学是同一事物的两个方面，二者之间的区别并不是简单的顺序反转，而是内含着互证关系。经济语言学不仅是语言经济学的载体而且一直关注于如何实现言语效用最大化，言语配置最优化的问题，但二者的研究视角和理论基础完全不同，所以不能混为一谈。

跨文化商务会话本质上是双方利益的博弈，但形式上却是一场跨文化的沟通。众所周知，跨文化商务会话的最终目的就是尽可能地让对方明白自己的利益所在，在充分考虑或体谅对方利益的情况下争取实现自己利益最大化，因此双方只有在遵循一系列会话原则的基础上才能使得沟通顺利进行，违背任何原则都将导致交际效率的下降或是经济利益的损失。

现代语言学之父索绪尔提出人类行为的根本性原则就是“省力原则”，通俗说来就是用最简单的话让听者最精准的理解说话者所表达的含义。在商务会话中就是语言的使用要做到得体，以言悦人，以言感人，从而取得最大经济利益。Jacob Marschak 认为价值并非使用金钱衡量，任务成功完成和目标的实现才是价值衡量的标准。虽然商务会话会涉及各种因素，双方的需求和利益也表现在多个方面，但是所有商务会话活动的核心都是价值，这一点是不容置疑的。对此我们可以选取几组会话加以阐释：

会话一：

买方：Your products are very good.But I am a

little worried about the prices you are asking.

卖方：You think we should be asking for more？（laughs）

买方：（chuckles 莞尔）That's not exactly what I had in mind.I know your research costs are high，but what I'd like is a 25%discount.

卖方：That seems to be a little high. I don’t know how we can make a profit with those numbers.

短短两组话轮就可以看出这是谈判双方就价格问题展开的讨论，买方在肯定对方产品的基础上就价格提出自己的看法，使用 a little worried 目的是为了让卖方有一定的心理准备，使卖方意识到买家想要更低的报价，比直接要求降价显得更加委婉有礼，其中所隐藏的礼貌原则和合作原则不言而明。而卖家此时先是大笑而后似乎以幽默的口吻回避对方的问题。值得注意的是，商务会话中特别注重幽默的运用，这也是商务会话所独有的特性。谈判中的laughs（大笑）是职场交际的手段之一，具有拉近人际关系的特定目的。表面上卖方似乎答非所问违背了合作原则，而实际含义却是在表达自身报价非常合理，特别是第一组话轮中卖方的一句话既礼貌的回复对方的问题又无形中拉近了彼此的关系，巧妙而又不失灵活地力争守住自己的报价，以便能够实现利益最大化。简单的一句话却同时达到多个目的，实现了语言经济学中以最小的成本付出获取最大收益的理想目标。总的来看，在上述对话的第二组话轮中，面对卖方精巧的语言，买方首先得体的否定了卖方的看法，然后肯定了卖方在科研方面所做的投入，弱化了条件性，这不仅为艰难的价格谈判加入润滑剂，也为促进贸易的顺利进行铺垫了条件。紧接着在之前 a little worried 的基础上买方直接说出 What I'd like is a 25%discount。目标明确，简单清晰。假设买方直接提出降价要求，而没有肯定卖方在产品上的投入，那么由此而产生的效应是完全不同的。此处语言的经济效应不仅表现在价格谈判上更体现在对整个贸易的影响。此时在答复买方的关切时，卖方用到了“a little”这个词，对整个谈判都产生积极影响，既表明价格可稍微商榷以免谈判破裂，又为下面的因量少而无法盈利做好铺垫，使买方意识到订单数量太少拿不到太大折扣，从而取得了两方面的收益，达到互赢的效果。特别是卖方最后一句话还使用了“seem”（看起来）一词，在表明自己观点的同时，语气中进一步内含着在价格方面尚有让步空间，但不会像买方所要求那样大。卖方如果直截了当地回绝买方要求，使买方处于尴尬境地，谈判就会难以顺利进行，从而导致交易失败。由此可以看出，只有建立在礼貌原则基础上的商务沟通才能实现语言效用和语言价值最大化，从而实现经济利益最大化。

会话二：

买方：Please，Robert，call me Dan.（pause）Well，if we promise future business volume sales（大笔交易）——that will slash your costs（大量减低成本）for making the products，right？

卖方：Yes，but it's hard to see how you can place such large orders. How could you turn over so many？（pause）We'd need a guarantee of future business，not just a promise.

双方此时都在恪守合作原则，把自己所期望的理想价格通过委婉的方式告知对方，尽最大努力使谈判得以进行。谈判的关键时刻，买方以“增加订单数量，薄利多销”为诱饵，试图说服卖方主动降价，卖方则灵活运用提问技巧获得自身需要信息，进而证实已有的判断。对话中买方使用“volume sales”一词，无疑是对卖方最大的诱惑，且运用疑问语气结尾，浅显易懂的道理却需对方的回答，很明显是故意违反了合作原则中的沟通原则。但此句中明知故问的却是整个谈判的亮点，按照买方的判断对于这个问题卖方必定给出肯定回答，因为买方认为在增加谈判成本的基础上卖方给予合理的降价应是情理之中的事情。这一轮对话中，买方采取策略技巧使违反会话原则成为语言策略的一部分，二者共同服务于降价这同一目的。卖方虽给出肯定回答，但却提出一系列疑问，设身处地为买方考虑，作为买方应该很容易明白卖方的暗示和所指实际上是来保证卖方自身经济利益，并且卖方直接表明需要的不是promise（承诺）而是更加有效地guarantee（保证）。卖方在委婉表达自己担心的同时明确提出要求，话语得体礼貌而且目的明确。

会话三：

买 方：We said we wanted 1000 pieces over a six-month period. What if we place orders for twelve months，with a guarantee？

卖方：If you can guarantee that on paper，I think we can discuss this further.

买方此时的提议是在追加订单的前提下，要求卖方对此做出降价保证，其目的依然是力求降价。卖方既没有同意也没有否定对方的提议，而是在提出假设后表明可以进一步商榷，在语言经济学看来，卖方的语言价值在于运用模糊语给谈判双方留下了充足的回旋余地，避免了谈判破裂造成经济损失。卖方虽然使用模糊语却依然遵守合作原则，使买方看到降价希望，谈判得以继续。由此可见，语言经济效用的充分发挥得益于会话技巧的掌握，恰当地使用礼貌原则可以使讲话人充分表达自身的利益诉求。买、卖双方均可通过高超的语言技巧来维护自身的经济利益，避免承担任何风险，此时语言的经济价值和效应也得到了充分的体现。

语言的价值有高低之分，在跨文化商务会话中不同的表达方式体现出的经济价值也是不同的。作为信息载体的语言，利用经济学思想中的效用、价值、收益、成本等理论来研究商务会话的经济价值，有助于更深层地研究语言，从而揭示语言在人类社会经济活动中的价值和作用。同时，语言经济学与跨文化商务会话中经常遵循的合作原则、礼貌原则等都有着密切的关系，如果能有效地把各种原则与语言经济学相结合，则可以降低交易成本，提高交易效率，实现收益最大化，这也从另一方面论证了语言的经济属性。本节通过对跨文化商务会话的经济性分析，希望能够为以后相关领域的研究提供一个新的视角。

第三章　会话分析的实践应用研究

第一节　会话分析在侦查讯问话语结构中的应用

20世纪60年代由哈维·萨克斯最早创立了会话分析学派，开启了研究关于“谈话”规律的大门。从日常对话到对公共机构性话语的分析，会话分析的最终目的就是要通过对谈话的规律进行系统、深入的研究，以寻求会话背后被人们所忽略的语言特点。本节从“中国警察侦查讯问口语语料库”中选取部分讯问视频的转写语料为研究对象，以会话分析为理论框架，通过对侦查讯问中“初讯”和“现场指认”两个阶段的会话分析的心态进行对比分析，借以探究其话语结构背后的语言特征。

会话分析开创于20世纪60年代，最早是由美国社会学家哈维·萨克斯提出，其最终目标是为了找到人们日常对话中常见但被忽略的语言特点，帮助人们理解以及找到把握世界的方法。20世纪70年代晚期开始，会话分析把自己的研究范围扩大到了对公共机构交谈方面。作为法律体裁中一种程式性的回答言语事件，“侦查讯问”话语属于典型的公共机构话语，它是运用语言对犯罪嫌疑人进行讯问的一种侦查行为。目前，国内对侦查讯问话语的研究大部分来自于法学界，较少运用语言学理论，尤其是结合语料库方法进行分析。基于此，本节从“中国警察侦查讯问口语语料库”中选取部分讯问视频的转写语料为研究对象，以会话分析为理论框架，通过对语料库中侦查讯问“初讯”和“现场指认”阶段话语的体裁结构、话轮转换方式、对应结构等会话分析的心态进行对比分析，借以探究侦查讯问话语的语言特征。

一、侦查讯问话语结构的特征

与言语行为理论相比，会话分析更侧重在一定语言环境中特定话语所显示的功能，它研究的是“交往中谈话的规律”。会话分析的框架包含着许多重要的概念，比如话轮转换、选择等级、修补规律等等，这些概念被统称作会话分析的心态 (conversation analytic mentality) (Schenkein，1987)，是研究会话的重要方向。侦查讯问话语作为法律体裁中的一种，是刑事侦查环节中必不可少的一部分。一个完整的侦查讯问过程大体可分为四个过程，即：“初讯”、“继讯”、“终讯”和“现场指认”。四个过程相互关联、环环相扣构成了公安机关侦查审理案件的整个过程。虽然四个过程的交际功能不同，但是他们总体结构却大体一致。

体裁结构。一般而言，侦查讯问过程具有三层体裁结构：第一层，侦查讯问的宏观结构。针对侦查讯问的不同环节，每一个讯问过程的宏观结构都会遵循一定的讯问模式，按照刑事司法程序进行。第二层，侦查讯问的话语结构。吉本斯 (1993) 认为在侦查讯问的过程中会同时发生三种语境现实。“第一现实”对应的是真实语境即讯问室中的当下现实；“第二现实”和“第三现实”表示的是可能语境即非当下现实。其中，“第二现实”是发生在审讯室即时语境之外的靠语言表征和重构的现实，“第三现实”是未来可能会发生、依赖整个刑事司法程序存在的现实。第三层，侦查讯问的核心内容。侦查人员通过与犯罪嫌疑人进行问答互动交谈，重构“第二现实”还原案发当时的情形，由于犯罪嫌疑人在供述案发经过时，会产生某种叙事结构，因此，该层结构又属于体裁嵌入式结构。

话轮转换方式。侦查讯问话语的话轮构造具有非常鲜明的特点，它的话轮转换类型限定在侦查人员的问话与犯罪嫌疑人回答之间。在话轮转换过程中，当发话人发出一定言语行为之后，听话人并没有立即回应时，就会产生停顿现象。萨克斯 (1970) 将该现象进一步分为话轮沉默或可归属沉默、空隔、间断以及发生在发话人话轮内的停顿。侦查讯问话语多为空隔性停顿，尤其是在侦查人员的问话当中。通过分析，具体可归纳为以下 2 种基本型即：

疑问句 - 停顿 - 回应。这种类型的停顿是指侦查人员由于对上一话轮犯罪嫌疑提供的信息产生怀疑而产生了短暂的停顿，停顿之后的回应为再次进行重复性提问，或者暂且搁置质疑继续开启新一个话轮的提问。该类型又可以下分为以下 4 种类型：

I. 反问句—停顿——般疑问句

侦王：△我说的，你说实话，我说的对不对？你能找个神经病吗？ (3s) 你俩什么时候结的婚呢？

II. 反问句—停顿—反问句

侦王：你刚才讲了你媳妇对你那么好，你拿刀在你攮你媳妇的过程中，你觉得你┴你觉得能下得去手吗？啊？ 14(3s) 你觉得你能下去手吗？你刚才讲了，你媳妇跟你一点矛盾也没有，是不是？

III. 选择问句—停顿——般疑问句

侦孙：你把衣服脱下来，能脱下来吧？ 17(4s) 还哪儿有伤？

Ⅳ. 反问句—停顿—陈述句

侦王：▼还不可能？你啥事┴你人都敢杀了，你还有啥事不可能的？你都可以┴她对你那么好，你都可以拿刀去捅她去？ (3s) 把你捅她┴你拿刀攮的那个过程说一下子。

我们知道，疑问句分为四种类型：一般疑问句、特殊疑问句、选择疑问句和反问句。按照表达疑问的程度，四种类型依次递减。也就是说，一般疑问句所含有的疑问语气程度最高，反问句中所含有的肯定程度最高。从上面四个类型中可以看出，停顿之前的疑问句选用的均是肯定语气相对较高的选择疑问句和反问句。

陈述句—停顿—回应。该类型是通过侦查讯问人员根据上一个话轮中犯罪嫌疑人的供述做出判断之后产生的短暂停顿，停顿之后的回应一般是对刚才所陈述的内容，进行补充回答。

I. 陈述句—停顿—疑问句

侦王：啊。那还是有别的隐情。(3s) 能不能好好谈？你！我们这都是┴都是预审员，这都干多少年的了。

II. 陈述句 - 停顿 - 陈述句

侦王：那她就不是┴她先攘你的。(3s) 那你的主观故意就是先攘她的

综合以上实例，在侦查讯问过程中无论停顿发生在疑问句之后还是在陈述句之后，所表达的含义大体可以分为两种：一种是对犯罪嫌疑人所供述的事实产生强烈质疑，带有愤怒的情绪质问对方后产生的停顿。另一种则是再次确认犯罪嫌疑人所供述事实中间产生的思考性停顿。

对应结构。辛克莱尔等人曾建立一个用以描述课堂话语描述的层级结构，该结构主要分为五个级别，即：授课、交往、对应、举动和行为。其中“对应”被认为是最小的互动结构单位，成为研究话语分析的重点。黄萍 (2010) 对其进行了详细的分析，她将“对应”结构主要分为五大类，即 I-R(启动 - 对应)、I-R-F(启动 - 回应 - 后续)、I-RFi-Fii(启动 - 回应 - 后续)、I-R-Ii-Ri(启动 - 回应 - 启动 1- 回应 1) 和 I-Ii-Ri-R(启动 - 启动 1- 回应 1- 回应嵌入式结构)。其中 I-R 是侦查讯问话语中最为常见也是数量最多的一种对应结构。当话语启动之后，后接成分直接给予回应进而形成一个完整语义链。

二、“初讯”与“现场指认”话语结构的数据对比分析

我们从“中国警察侦查讯问口语语料库”中选取 4 场侦查讯问转写语料，分别是：隋 ** 涉嫌杀妻案 (初讯)、程 ** 涉嫌贩毒案 (初讯)、吴 ** 涉嫌杀人案 (现场指认)、张 ** 杀人碎尸案 (现场指认)。通过数据统计及分析发现：

侦查讯问话语的叙事结构是根据不同侦讯阶段，按照不同比例拼接而成，借以实现刑事司法程序。“初讯”作为侦查人员第一次对犯罪嫌疑人进行审讯，按照有关法律的规定，第一、二层叙事结构需叙述完整。“现场指认”阶段，由于之前已经经过多次讯问，所以第一层结构只被一句带过没有进行特殊的强调，甚至第二层结构也被直接省略掉。在第三层叙事结构中，对于“第二现实”重构部分，两个阶段也存有差异。“初讯”阶段是以侦查人员的问话为主导，犯罪嫌疑人只是回答问题，并没有对犯罪过程进行过多描述。“现场指认”阶段则大部分由犯罪嫌疑人供述案发过程，指认案发当时的具体情境，侦查人员只起到辅助性提示作用。

“初讯”会话中停顿的次数要远远多于“指认现场”。经过统计“初讯”共出现 40 处停顿，而“指认现场阶段”则仅有 8 处，且其中 3 处为犯罪嫌疑人指认现场时产生的停顿。因此，停顿的次数与犯罪嫌疑人的配合度有关。当双方配合度较高时，产生沉默的次数较少甚至没有。反之，停顿次数则变多。

与话轮转换方式中停顿现象相同，在侦查讯问过程中当犯罪嫌疑人与侦查员配合度较高时，其对应结构相对简单，如“现场指认”阶段几乎全部为 I-R(启动 - 对应) 及 I-R-F(启动 - 回应 - 后续) 式对应结构。当犯罪嫌疑人对侦查员配合度较低时，对应结构就会变得相对复杂，各种类型交替出现，其所占比例也是依据审讯现场情况的变化而变化，如本节选取的语料中，“初讯”阶段第一、而类对应结构占 84.3%，其他会话部分则是由更为复杂的对应结构类型组成。

本节选取了体裁结构、话轮转换方式和对应结构这三个方面作为切入点，对“初讯”及“现场指认”两个侦讯阶段的话语进行分析。上述研究表明，在不同语境之下，侦查讯问话语结

构存在较大的差异性。这种差异性，不仅体现在了根据不同交际目的而选取的体裁结构上，还与侦查人员与犯罪嫌疑人的配合程度以及话语权的分配密切相关。同时，由于受到语料数量的限制，本节存在一定的局限性。因此，有待于今后进一步扩充语料库，从更深层次研究侦查讯问话语的语言特征。

第二节　间接言语在社交会话中应用的目的分析

间接言语行为在人们的日常社交活动中是一种非常普遍的语言现象。日常生活中，人们为了避免使用尖锐的话语和不礼貌，常常选择间接表达自己的意图，此外，恰当地使用间接言语行为还能达到一种讽刺幽默的效果等。本节试图以一些社交会话为研究对象，以间接言语行为理论为理论基础，运用例证法和定量分析与定性分析相结合的研究方法。通过对这些典型例子的分析，可以发现日常生活中人们通过使用间接言语行为，从而实现不同的会话目的。通过对日常生活中人们的一些间接言语行为的表达方式进行研究，让人们更好地了解和使用间接言语行为，从而促成交际的成功。

间接言语行为作为一种即普遍又特殊的一种语言现象，大量存在于人们的日常社交会话中。由于它可以实现不同的社交目标，因此，在人们的社交会话中，它被人广泛接受。通过分析人们运用间接言语行为的目的，可以让人们在日常会话中更好地理解彼此的会话意图。成功的交谈取决于人们对带有特殊意义的词语或者话语会话的理解，也就是说，一旦人们理解说话者的间接话语，就能实现成功的会话交流。

一、理论基础

1955 年，英国哲学家奥斯汀在系列讲座中首先提出了言语行为理论。此后，美国哲学家塞尔继承并发展了这个理论，提出了间接言语行为理论。简言之，间接言语行为就是通过一种言外行为间接地实施另外一种言外行为。塞尔将间接言语行为涉及的两个言外行为分别称之为首要言外行为和次要言外行为。首要言外行为指的是说话人的真实意图，也即是暗含之意；次要言语行为指的是说话人为了实现谈话目的所使用的手段、策略，也即是字面之意。

二、间接言语行为的目的性分析

显示礼貌的目的：

孔子的弟子问：“老子是一个什么样的人呀？”

孔子回答道：“鸟，吾知它能飞；鱼，吾知它能游；

兽，吾知它能走。至于龙，吾不知其何以？

龙乘风云而上九天也！”

在这则对话中，孔子没有直接回答他弟子的问题，而是用龙来间接指代老子。以此，用一种礼貌的方式来表达对老子的高度评价。对话中的首要言外行为是孔子想用礼貌的方式来表达对老子的高度评价，次要言外行为是用龙来指代老子。基于他们共同的文化背景，他的弟子能够立刻理解孔子的意思。

避免一些敏感和尖锐话语的目的。毛主席对斯特朗说：“原子弹是美国反动派用来吓人的一只纸老虎。”

在这则会话中，毛主席没有用一些敏感的和尖锐的话语，而是间接表达他的暗含意思。这句话中，毛泽东用了一个比喻的修辞手法，这使得斯特朗能够更易接受，这也是一种好的方式在他们之间去维系他们之间的友谊。在这句话中，毛主席想要描述美国原子弹的现状是首要言外行为，他用纸老虎来指代美国的原子弹是次要言外行为。斯特朗基于二人共同的语言背景信息，完全可以理解毛主席的意思。

表达强烈感情的目的。郭沁说：“我觉得《中国新歌声》这个舞台给人一种充满未知、很梦幻的感觉，就像紫色一样。”

陈奕迅说：“我是最喜欢紫色的，你知道吗？”

那英说：“我也喜欢紫色。”

从这则对话中，我们可以看出间接言语行为还可以表达一种对某人或者某物强烈的感情，两位导师并没有直接表达他们对郭沁的喜爱之情，而是用间接的方式让郭沁选择他们。因此，两位导师想让郭沁选择他们是首要言外行为，而两位导师说话的内容和方式是次要言外行为。

表达幽默和讽刺效果的目的：

李咏说：“阿姨，退休工作还习惯吗？”

蔡明说：“我让你脸短点儿你习惯吗？”

在这则春晚小品中，蔡明没有直接回答李咏的问题，而是采用一种间接的方式，意思是如果让你的脸短一点，你都会感觉不习惯，那同样地，我退休也不习惯？这样说话的目的是蔡明想用一种更加礼貌和委婉的方式来达到幽默、讽刺李咏脸的效果，更是为了表达她对退休生活的不习惯，而这也是这则会话的首要言外行为，利用让李咏的脸变短一点，他会不习惯是这则对话的次要言外行为。通过这样的说话方式，她不仅可以用一种礼貌和避免尴尬的方式传达她想表达的内容，同时又创造了一种幽默的氛围。

间接言语行为作为一种普遍现象广泛存在于我们的社交会话中，它能够使说话者和听话者都受益匪浅。在这篇论文中，笔者主要分析了典型社交会话例子中，人们运用间接言语行为去表达礼貌、避免使用一些敏感和尖锐的话语、表达强烈感情以及制造讽刺幽默效果的目的，这些例子要么来自日常社交会话要么来自电视节目来作为研究语料。可能人们还会运用间接言语行为去表达其他目的，这需要在后来的研究中得以实现。间接言语行为能够使说话者和听话者感到舒服和满意，避免尴尬、晦涩。因此，研究间接言语行为在不同的情景中是十分必要的，因为它可以使人们更加理解说话人的真实目的和在听话者与说话者之间保持良好的友谊。

第三节　会话合作原则在国际商务谈判口译中的应用

采用举例论证的方法，研究国际商务谈判口译，指导理论采用格莱斯提出的会话合作原则，在此基础上，对国际商务谈判口译中的案例进行了分析。从而得出，译员如何在国际商务谈判口译中根据情况适当地运用会话合作原则，以此来促成谈判的成功。

一、格莱斯会话合作原则

“会话合作原则”是由美国著名语言哲学家格莱斯于 1967 年在哈佛大学的演讲中提出的，这四项准则包括数量准则、质量准则、关联准则和方式准则。会话合作原则是谈判中双方需要遵守的一项基本准则。但有时谈判双方出于谈判策略的考量，会有意识地对合作原则进行违反，而此时双方的合作关系依然存在。

二、会话合作原则在国际商务谈判口译中的应用

随着经济全球化的发展，世界各国之间经济联系愈加紧密，国际商务谈判也成为一种重要的经济交流形式。“国际商务谈判是指在国际商务活动中，处于不同国家或不同地区的商务活动当事人为满足某一需要，彼此通过信息交流、磋商协议达到交易目的的行为过程”。而同时译员在这中间也扮演着非常重要的作用。

格莱斯提出的合作原则可以确保双方之间的合作关系，并且可以应用于商务谈判口译中。口译员在使用合作原则指导业务谈判口译时需要考虑会话合作原则如何指导商务谈判口译，译员什么时候应该遵守合作原则以及什么时候要违反合作原则。

（一）数量准则在国际商务谈判口译中的应用

数量准则对译员提出的要求是：翻译的信息应当详细、完整，但不能超出原话的意思。同时，要保证译文信息的完整性，避免翻译信息的遗漏或冗余。

例 1：A：There’s one more thing I want to make clear：the risks of sea transport，such as Free of Particular Average（F.P.A），With Particular Average（W.P.A）and Extraneous Risks，Can you all afford it?

译员：还有一个问题想明确：海洋运输中的平安险、水渍险和附加险，你们都会承担吗？

B：当然，我们都会承担。

译员：Yes，of course. We can serve you with all kinds of risk for sea transport.

A：Really？ What do you mean？ ......

在这个例子当中，译员显然没有遵循数量准则。译员完全只需要翻译“Yes，of course”就可以清晰地将中方的意思传达给对方，后面的翻译完全是多余的。

（二）质量准则在国际商务谈判口译中的应用

质量准则对译员提出的要求是：翻译的信息一定要准确，并且防止错误信息的出现。口译人员应认真倾听谈判人员的话语，以保证将信息准确传达给对方。

例 2：A：从我们的合同样本中，你可以看出，我们要求的支付方式是以保兑不可撤销的、凭即期汇票支付的信用证。

译　员：You can seen from our specimen contract，we require payment by a confirmed irrevocable letter of credit by draft at sight.

“在‘准确’的标准下，译文或译语应是原文的转版，而不是再版，更不是改版”。准确性是口译的核心。在此示例中，翻译人员准确地翻译了业务领域中的一些专业术语，例如“保兑的”“不可撤销的”“即期汇票”和“信用证”。显然，口译员对外贸行业有一定的知识储备，并且为这次谈判做好了充分的准备，表明口译员严格遵守了质量准则。

（三）关联准则在国际商务谈判口译中的应用

关联准则对译员提出的要求是：翻译的信息应当贴合主题，并且不能翻译与译文不相关的内容，避免翻译的信息出现离题和跑题现象。“译员要紧扣说话者发出的信息进行翻译，译文要体现原语的关联关系，忠实地表达原语的语用意义”。

例 3：甲方：很遗憾你们的报价太高，如果这种价格买进，我方实在难以推销。

译员：I’m sorry to say that the price you quote is too high. It would be very difficult for us to push any sales if we buy it at this price.

乙方：如果你考虑一下我们的质量，你就不会觉得我们的价格太高了。

译员：Well，if you take quality into consideration，you won’t think our price is too high.

甲方：不如我们各让一步。

译员：Let’s meet each other half way.

乙方：我认为我们双方都应当互相体谅对方。我还需要再考虑下。

译　员：I think we both need to understand each other. Why don’t we sit down and have a coffee break?

虽然在谈判中大多数情况下我们应当遵循会话合作原则，“但各种语言现象是合作原则与违反合作原则的统一体”。从这个对话中我们不难看出，甲方对产品的价格有异议，想让乙方降低自己的报价，但乙方认为自己的产品质量非常高，不愿意做出退让。谈判气氛可能会进入僵局，译员在最后提议“不妨喝杯咖啡休息一下”，看似是违背了关联准则，翻译了与译文不相关的内容，但是这样做给了双方一个思考的空间，有利于促进谈判的达成，让双方休息冷静一下，避免合作陷入僵局。这种情况下违反了会话合作，“对于有着丰富经验的译员来说是一种保证口译顺利进行的有效策略”。所以，有时候译员适当的违反合作原则，可以促进谈判的达成。

（四）方式准则在国际商务谈判口译中的应用

方式准则对译员提出的要求：翻译的信息应当通俗易懂，简单明了，避免译文的无序、冗长。这就要求译者“翻译时要采用符合目标语规律的语言，以便使译文能顺利地被读者看明白，顺利地接收译文中的信息”。

例 4：L/C shall reach party B on or before October 25，2019.

译员：信用证须在 2019 年 10 月 25 日之前或当天寄达乙方。

在这种情况下，口译人员严格遵守会话合作原则中的方式准则，条理清楚地传达这些词，以防止出现任何不一致的情况，保证译文的简单明了。

通过以上的案例分析我们可以得出结论：在国际商务谈判合作中，对会话合作原则的遵守与违反并不是绝对的，需要译员根据谈判的情况，具体问题具体分析，做出判断，以此来促进谈判的达成。“对交际原则的运用表现为‘合作’与‘违反’两种，这两种方式并不是绝对的”。

本节详细介绍了会话合作原则如何应用于国际商务谈判中的口译，以及口译员如何使用合作原则来调整他们的行为，以促进商务谈判。通过案例分析，译员可以知道如何在谈判中运用会话合作原则以帮助谈判者取得最佳结果。同时，本节没有研究讨论口译员应在多大程度上参与国际商务谈判，口译员应在什么时候介入等。因此，希望在不久的将来会有更多的研究。

第四节　冲突话语产生的结构特征及会话修正的应用

冲突性话语，泛指在语言交际过程中产生的争执性话语，在日常生活中比较常见。价值观不同、欲念不同、性格差异是产生话语冲突的根源，不同语境与关系情况下，冲突话语的结构特点及具体表现存在差异化状态，进而引发如婆媳冲突、夫妻冲突等，结合具体案例，深入分析冲突话语的结构特点，发现其涉及面子问题、礼貌问题、性别构建、身份构建等，而应用会话修正能够有效解决话语冲突，实现人际和谐。

交际的过程中，双方对某件事持有不同意见产生话语上的冲突，是冲突话语的具体表现。冲突话语包括言语事件和言语行为，如反驳、争论、争吵、争执、反对，等等。在话语研究早期，冲突话语被认为是一种毫无规律的活动，而随着话语研究的发展，人们开始注重冲突话语的重要性以及对人际交往的重要影响。以 Sacks 为首的社会学家坚持把会话分析作为冲突会话的主要分析手段，他们认为会话是社会生活的产物，会话有着系统而严密的结构。基于此，通过真实生活中的语料，结合具体问题，深入研究冲突话语的结构特点及会话修正的应用。

一、冲突话语的产生根源

（一）价值观不同

价值观即一个人对于周边事物的看法与意义的评价，是人生观与世界观的结合呈现。每个人的价值观都存在差异，因此，人们的基本行为准则也会不同。行为处事的正确与否，都是个人价值判断后的结果。个人的价值观与成长环境（社会背景、地理环境）有着一定关联。价值观差异化会引发话语冲突，如婆媳身份不同，对经济地位的看法存在价值观上的差异，很多婆婆有根深蒂固的男尊女卑思想，而媳妇的想法却更贴合现代社会的状态，她们即使成家也希望经济独立，男女平等，这就会带来话语冲突，比如，在对待金钱的态度上，婆婆秉承勤俭持家的原则，看不惯儿媳以自我为中心的消费观。

婆婆：一天到晚就知道把自己打扮得花枝招展，还有家的概念吗？像结婚的人么？

儿媳：妈，我怎么打扮花的都是我个人工资，没花你儿子的钱。

婆婆：成了家就是一家人，什么你的、我儿子的，要以过日子，以这个家为主！

儿媳：我怎么不以家庭为主了，家里的生活用品，我少买了吗？

以上例子就反映了儿媳以自我为中心的消费观和婆婆观点的对立，由此引发话语冲突。

（二）欲念不同

欲念就是人们想得到某种东西或达到某种目的而产生的心理愿望，当两个人的私欲相互矛盾，冲突就无法避免。以婆媳关系为例，婆婆与儿媳在私欲话语上会产生很多矛盾，都希望在外人面前有面子，喜欢别人赞誉自己。如婆婆对乡下出生的儿媳，存在身份偏见，和儿媳产生矛盾时，会出现面子上的冲突。

婆婆：说过多少次了，乡下人就是小气，做什么都斤斤计较。

儿媳：乡下人怎么了？没有乡下人，你吃啥穿啥？

上例中，儿媳因面子上过不去，在说话时出现反驳或者顶撞现象，这种现象直接引发了与婆婆间的语言冲突。

（三）性格差异

性格是一个人对现实的态度以及与之相适应的习惯化行为，是个性心理特征最明显的表现，可以透过倾向性的活动、外貌、意志及态度、言语来观察，比如自私、沉默、活泼、勤劳、懦弱以及勇敢等。这种差异化体现在面对同一件事情时，不同性格的人会有不同的反应，这时候矛盾就有可能发生，进而表现出语言冲突。以上关于面子冲突的案例中，矛盾的主体与个人性格有关，一个直性子的儿媳，会直接反驳，而一个软性子的儿媳，有可能会用一些隐性语言来表达。

婆婆：说过多少次了，乡下人就是小气，做什么都斤斤计较。

儿媳：妈，您这么说就不对了，看咱家户口上的籍贯，你老家也曾经在乡下吧。

性格差异带来的话语冲突，往往会使矛盾升级或者受到压制。

二、冲突话语的结构特点分析

一个完整的冲突话语按结构来看，分为冲突起始部分，冲突展开部分和冲突结束部分。在冲突话语中，起始部分十分重要，起始部分的关键语言和情况改变，将是引发冲突话语的导火索。关键点在于应答者是否对说话者的语言产生对撞，对撞的回应方式包括不赞成、不相信、不喜欢、不感兴趣、反对等。话语冲突在起始阶段表现出来的方式，包括表态类、阐述类、指令类以及询问类等。如在婆媳关系和夫妻关系中，冲突起始阶段的表现一般十分明显。根据顺应论，如果忽视“语境”顺应，那么语言交际中就会产生冲突性的话语。特别当话语涉及面子问题时，双方的互不让步，总会引发冲突。

现实中典型的夫妻冲突话语，一切矛盾的开始与冲突的延续，都是由起始阶段开始。当一方的意见或说法被另一方质疑时，矛盾和冲突如同导火索，一触即发，当冲突产生后，所呈现的语言会有过激因素产生，使语言上发生改变，而结构的改变和口气情感的变化，是冲突变化的内在因素。如丈夫回来较晚、妻子对丈夫的质疑态度，以及丈夫回答的理由，是双方进入到冲突阶段的基础，话语上“各自为政”，不听取对方的意见，冲突便会逐渐凸显。

女：这么晚回来，又上哪出去鬼混去了？

男：没有，今天晚上陪客户吃饭了。

女：客户？

男：不信的话，你可以打电话当面问问。

简短的两句话，却集中体现了冲突状态。随着话语轮次不断增加，争执与反驳多次出现，激烈的对话争吵甚至会升级到谩骂等冒犯性语言。这些情况符合冲突性话语的“对撞性”特点。

不管言辞多么激烈，时间是长还是短，冲突性话语总会有终止的时候。这里的终止表示双方将会停止冲突性的话语碰触，进行话题变换，或达成某种一致观念。这种情况往往是一方或多方退出冲突，或冲突变成一致，冲突性话题宣告结束。根据顺应理论，使用语言者根据语境的不断变化选择语言的顺应程度，当冲突性话语达到满意位点时，“语境”顺应的结果使冲突话语的语言表意功能发生变化，比如，第三方介入后，话语归向了同一个目标，则冲突将会变得平淡，直至消失。这个阶段的话语不会有火药味，言辞也逐渐趋于平缓，表现在言语上是软性、沉默、平静，表现在观点上是协商或者妥协，最终达成一致意见，消除冲突话语。

婆婆：又买这么多东西，不知道省钱啊？

儿媳：省钱我就不用买了吗？天天穿的几件衣服还是去年买的呢。

儿子：妈，买的都是打折处理便宜，没花多少钱。

由于儿子介入将矛盾起因直白陈述，一场冲突被化解。

三、冲突话语的会话修正

作为会话分析研究的课题之一，会话修正与冲突话语结构一样重要。李悦娥提出，不管什么样的会话，在交际过程中都会出现这样或那样的阻碍，修正是排除阻碍，维持、保护会话继续进行的唯一方法。话语冲突大多数都由于会话上出现了阻碍，而会话修正就是为了排除阻碍，维持会话继续进行。被曲解的话语，往往也是导致冲突话语出现的重要因素。理解言语交际过程中的话语，语境十分重要。所以，在探讨会话修正与冲突话语的关系上，要深度结合语境状态。

会话修正作用大小，与语境的再次构建存在着辩证关系。修正源产生——修正发起——修正执行，是会话修正的整个过程。从现实角度来看，适当的会话修正，可以让各个阶段针锋相对的冲突话语尽早结束。要在适当的语境之下，采取会话修正方法，将双方差异化的价值观、需求和具体性格表现解除。

婆婆：我就喜欢抱大孙子。

儿媳：生女孩你就不抱么？

婆婆：我是说喜欢抱大孙子，没说孙女不抱。

婆婆修正了其表达的对象，在主体上的淡化处理，最终避免了冲突的发生。

语境包括上下文、交际双方的目的、交际双方对彼此的认知与假设、说话的现场认知、世界观的表现、彼此的信仰、文化背景与社会行为模式的认知情况等。迎合语境进行会话修正，需要针对话题的冲突点进行话语的再次诠释。而在没有会话修正的状态下，最终将引发冲突。正是在这种不断地发现和修正问题的过程中，交谈的双方才能达成共识，达到交际目的。一旦这种目的达不到，则会出现争吵或交际失败等情形。因此，会话修正需要重新构建话语认知的语境，让说话者能够更加真实地表达和传递其想要说明的信息。在冲突话语的结构特征中，冲突起始阶段就可以采用这样的会话修正办法，来避免一场纷争，避免情感的缝隙出现。

从现实情况来看，不管是人们的日常生活对话，还是电视、电影等各类文学影视作品中的对白，话语冲突都是广泛存在的一种话语争执现象。研究从专业角度出发，深入研究冲突性话语的结构特点，结合实际的案例，以真实生活中婆媳和夫妻之间的冲突性话语为语料，阐述了冲突双方冲突性话语发展三个阶段的不同表现。冲突话语是一种普遍而且复杂的语言现象，它常常是导致交际中断、影响交际成功的阻碍。研究冲突性话语的会话修正，有助于促进社会和谐发展，人际关系稳定及沟通有效进行。

第五节　合作原则与关联理论在分析会话含义中的应用

基于合作原则、会话含义与关联理论的基础上，本节作者试图分析会话含义的理解过程。文中强调了交流中会话含义的重要性和推理过程的重要性。在日常交流中，由于种种原因，说话人会故意迂回间接地表达自己的意图。在这种情况下，话语的字面意义就不同于话语的暗含意义。因此，如何理解并推断话语的暗含意义成为成功交际的关键。

在人们的日常生活中，交流是非常重要的。通过交流一方面说话人能传达信息和自己的意图，另一方面，听话人能获得并理解听话人传达的信息和意图。如果交流双方想要成功地交流，双方都需要做出努力。

我们通常认为，在交流中，说话人会提供足够的信息；认为他们会讲事实，会尽量清楚地表达自己的意图。但是事实上，在日常生活中，因为各种各样的原因，说话人可能会无意中违背会话原则，迂回间接地表达自己的意图。

一、合作原则与会话含义

格莱斯 (1975) 认为交流是一系列相互关联的话语。为了推进谈话的顺利进行，交流的双方都需要做出努力。在某种程度上，交流的一方听出了谈话的意图，或者说是交流双方都能接受谈话的内容和谈话发展的方向。谈话的方向可能在谈话一开始就确定了，也可能会随着谈话发展。因此需要有一个共同的原则要交流双方去遵守，这就是合作原则。格莱斯进一步把合作原则分成四个准则，包括质的准则、量的准则、关系准则和行为准则。

格莱斯在 1967 年第一次提出了会话含义的概念。他认为，当说话人违背了合作原则中的一个准则的话，就产生了会话含义。格莱斯提出会话含义，意在提出系统化的语言使用理论来促进日常交际。

关于会话含义理论，格莱斯指出，重要的一点就是会话中所说的意义和所暗含的意义之间的差别。会话中说话人所说的意义是指凭借一定的语言知识，说话人说出符合语法规范的句子，即使不考虑环境因素，这个句子也是可以被听话人所理解的。会话含义和语用学的因素，例如，说话的时间、地点以及说话人的身份、意图更有关系。

说话人说出的字面意义不同于说话人所暗含的意义，听话人应该在特定的语境下推断出这种目的和会话含义。要推断出含义，了解含义的分类是非常必要的。根据格莱斯的观点，含义可以分为两大类：规约含义和会话含义。在格莱斯看来，会话含义仅仅是含义的一种，比规约含义更常见。会话含义可以细分为一般会话含义和特殊会话含义。让我们首先来看一下特殊会话含义的例子。

（一）特殊会话含义

例如，A 和 B 在谈论一部电影。

A：《满城尽带黄金甲》怎么样啊？

B：场面倒是很壮观，服装也很耀眼。

虽然 B 违背了说话人的期望，表面上来看并没有回答 A 的问题，没有说出《满城尽带黄金甲》这部电影怎么样，但是不可否认的是，B 的话语有自己的内在意义。B 的回答暗指除了耀眼的服装和壮观的场面，电影本身并没有什么吸引人的地方。B 也非常确信 A 能推断出暗含的意义。这种含义依赖于语境，并且含义可以被推断出来，这样的含义就是特殊会话含义。

（二）一般会话含义

一般会话含义完全不同于特殊会话含义，在于前者不用把语境因素考虑在内。在日常生活中，会话含义仅仅是含义的一种，比规约含义更普遍。在会话含义中，特殊会话含义比一般会话含义更常见。因此，为了实现说话人的暗含意义，除了理解说话人的语言表达之外，通过语境进行大量的推断也是非常必要的。

二、关联理论

关联理论是一种交际理论。Sperber and Wilson 认为，关联建立在人类认知过程的基础上，人类用最少的认知努力去实现最大的认知效果。根据这一观点来看，在语篇或者是话语中，交际双方会选择最相关的解释，而且每个话语只有一种最相关的解释。在选择的过程中，语境效果是至关重要的。只有把人们的认知努力和语境效果结合起来，才能实现成功的交际。

关联理论为研究交流提供了一个新的视角，尤其是研究口头交流。在人们常识的基础上，作为一种普遍和通用的理论，关联理论可以用来解释话语含义。例如，A：Drink?

B：I am going to drive home after dinner.

(Pilkington，Adrian，2000，slightly changed)

A 要理解 B 的回答，那么语境假设就是建立在 A 的常识基础之上：醉酒驾驶是万万不行的。根据 A 的问题，A 和 B 都会联想到关于饮酒的语境假设；根据 B 的回答，关于驾驶的语境假设会在 A 和 B 的头脑中出现。这些假设有：

It is forbidden/illegal/dangerous to drink alcohol before driving.

然后 A 就会推断出 B 不想喝酒，因为他晚饭后要驾车回家。这样 A 和 B 就实现了成功的交际，A 也不会接着邀请或是劝说 B 去喝酒。

从上面的例子分析中我们可以看出，在理解会话含义的过程中，重要的是在常识的基础上构建语境假设。

语言使用是非常复杂的，用语言学的理论来分析日常交流中的话语有助于促进人们之间的相互理解，但是交际双方共同努力才是实现有效的交流的前提。在有效的交流中最重要的就是理解说话人，并对问题做出恰当的回答。在交流中合作原则是互动的基础，它从不同的角度解释交流中语言是如何使用的。因此，交流双方也应该遵守合作原则。

第六节　会话合作原则视野下报警热线会话效率分析及应用

中国的“110”，美国的“9·11”，英国的“999”等报警热线都为各国的警务工作做出了巨大的贡献。报警热线早已融入人们的生活中，其电话会话也可作为有效语料，然而却鲜少有以语用学为视角，针对报警热线会话的效率进行的研究，从而致使现有的接处警员培训系统缺少理论支持，不够统一。而同时，随着报警热线的高速发展，各国报警服务中心警情暴涨，职能扩张，负荷剧增，皆需改革重构，增强能效。如何提高接处警效率，可以从多个渠道研究解答，而本节旨在尝试从其中一个内因寻找突破口，从语用学角度以格莱斯 (Grice) 会话合作原则 (Cooperative Principle) 为理论依据，以两则“9·11”报警录音为语料，分析英语为母语的报警者在紧急、甚至危急时刻 (emergency) 报警求助时的会话特征以及接警员的应对特征 (如报警人是否在会话中违背某些会话原则？这些原则的违背是否具有规律性？面对报警人对原则的违背，接警员如何应对以获取处警的关键信息 ?)，并据此指导会话，提出接警员培训建议，以期在实践中改善会话的沟通效果，提高沟通效率，增强接处警能效。

一、报警求助电话及其研究现状

1958 年美国国会首次提出全国使用一个统一的紧急求助电话的方案并于 1967 年获得通过。自此美国的“9·11”报警系统迅速发展起来，涵盖了报警、求救及火灾三大范围。据美国国家紧急号码协会在 2013 年的估算，美国每年大约收到两亿四千万个 911 来电，如何高效接处警成了一个急待解决的问题。而我国也有着类似的矛盾。

报警求助电话是一种为了寻求帮助而产生的电话会话，主要是一种信息交换。这种信息交换的结构具规律性，其结构和特点体现了报警电话对于效率的追求。其结构主要包含以下五个部分：1) 开场白；2) 提出请求，即报警人向接警员简单描述致电原因，可能会要求某些具体的帮助，如救护车等；3) 接警员酌情询问更多必要信息；4) 接警员告之处理结果，如警方人员正在前往事发地点等；5) 接警员结束会话。Raymond 等指出，这样的结构设计是为了方便市民提出请求，允许接警员对其做出评估、处理警情。即使报警人处于巨大的精神压力下 (如遭遇危机)，绝大多数的报警电话都有着显著的共同点：简短性和条理性。这一共性产生的一大原因是报警电话 (及许多其他服务性电话) 的单焦点特性 (monofocal)。报警电话通常有一个清晰的目的：即报警人陈述警情，接警员收集并整理处警所需信息，一旦目的完成，双方便会尽快结束会话。这与普通电话会话极为不同：在普通电话中，会话双方的关系和对双方背景的了解往往会引发出致电目的以外的会话内容，从而延长会话，甚至脱离会话的最初目的。同时，普通电话中常见的问候 (如“How are you?”) 会有所缺失，即会话双方往往不互致问候或寒暄，从而缩短报警电话中的开场白。因而在接警员阐明身份后 (如，“This is 911. How may I help you?”) 报警人往往会缩减问候部分，直接阐述致电原因或目的。

Cromdal 等认同了上述观点，并补充道，报警电话中即使有互致问候也是非常简短的，会立即进入求助或描述紧急情况的阶段。

不同领域的学者 (如语言学家、心理学家等) 曾尝试从报警人的角度研究报警会话，其结果论证了报警人会话的叙述性特征。在一个典型的叙述中，“谁”和“在哪里”是极为重要的组成部分，就此听者才能对所发生的事情有所认识［10，12］，报警电话中的对话主要是为了获取事发地点并确认需要救助者的情况，以便提供最有效的援助。报警人的职责便是清晰地阐述该紧急情况：谁需要帮助、具体位置及紧急情况的性质，以利于接警员尽快转接相关部门或提供恰当的紧急援助。同时报警电话的特殊性也对报警人的叙述有着特殊要求：如为了提高接处警效率，报警人应省略一些不必要的背景信息(如周围环境、所涉人员的想法等)，语言尽可能简练。

对于接警员而言，紧急事件的发生地点便是报警电话中最重要的信息，接警员必须获取。为了追求效率，甚至往往是接警员最先询问的信息。然而在过去的研究中，对于接警员在紧急通话中最有效的应对策略和角色定位却一直有争议。Banks 等，Lanese 等认为，为了避免提出一些不必要的问题接警员应尽量避免打断报警人的叙述，其工作内容在于明确矛盾所在、告知处理方案、尽量少说话并通过一些感叹词鼓励报警人叙述；此种模式下的接警员主要起辅助作用，更似听众。反之，警务交流系统的研究学者却在其制定的接警员培训项目中强调接警员的主动性，建议接警员适当使用话语及措辞方式 (如：音高、音调、响度、语速等)，主动引导对话内容，使用闭合式提问(如只需回答是或否的问题)，提高其对于整个对话的控制，从而提高信息获取效率；此时的接警员主动参与并引导会话，甚至控制会话。该 911 接警员培训项目的指导方针基本上代表了接警员与报警人之间沟通的理想模式，然而却同 Manning 在美国中西部一警局内做的人种学交际研究中的发现有悖：接警员处理报警电话的成功率差异很大；同时，接警员们经常发现报警人在报警电话中并不等接警员提问，而是倾向于描述他们的遭遇。也就是说，单纯地控制会话并不一定有良好的收效。那么接警员在报警电话中到底应扮演何种角色更有利于提高接处警的效率呢？ Imbens-Bailey 等提出，两种身份应兼而有之，互补不足，才能高效接处警。

二、格莱斯会话合作原则在报警热线会话效率分析中的应用

格莱斯会话合作原则。格莱斯的会话合作原则是会话含意理论的核心，是语用学领域里最重要的基本理论之一，常被用于描写和解释现实生活中言语交流行为的本质。可以相信格莱斯会话原则也可以帮助探究报警会话的本质及其会话特点，从而在语用学角度指导人们如何提高报警会话效率和接处警效率。

早在 20 世纪 60 年代后期，格莱斯 (Grice)［19］就从形式逻辑和自然语言逻辑之间的差别出发，提出了合作原则 (Cooperative Principle)，他认为在言语交际中，会话不是毫无意义及目的的语言堆砌，而是有一定意图的，因而说话人的话语之间总是彼此相关且服务于某一交际目的。交际双方都有着共同的目的，即通过合作并遵循某些准则而达到成功有效的交际活动。在一个有效会话交际中，说话人和听话人无意识中都在遵守这些原则。

格莱斯认为人们在谈话中遵守的合作原则含有四条准则(maxim)，每个准则又包含次准则。

(1) 质准则 (The Maxim of Quality)：

a．不要说自己认为是不真实的话；

b．不要说自己认为缺乏证据的话。

(2) 量准则 (The Maxim of Quantity)：

a．所说的话应满足交际所需的信息量；

b．所说的话不应超出交际所需的信息量。

(3) 关联准则 (The Maxim of Relevance)：所提供的话语或信息要相关。

(4) 方式准则 (The Maxim of Manner)：

a．说话要清楚、明了，避免晦涩的词语；

b．避免歧义；

c．说话要简练，避免赘述；

d．说话要有条理。

根据以上会话原则，可以这样理解：遵守了以上四条准则，人们就以最直接的方式、最高效最合理的语言进行交际。并且，可以推测出紧急求助电话中报警人及接警员的会话任务：报警人在会话中应尽可能简洁清晰地提供真实且相关的信息；接警员则应以最清晰有效的方式引导报警人提供且只提供相关信息，由此达到最高效的报警会话。

实例分析。以下是格莱斯会话合作原则在两则实例中的应用和分析。

实例 1 2005 年 3 月 28 日，美国佛罗里达州 Volusia 郡发生一起凶杀案。一男子闯入一民居向一对夫妇开枪射击，妻子当日经抢救重伤不治身亡，丈夫于次日在医院离世。该男子也于当日在家中自杀身亡。这对夫妇五岁的女儿在当日凌晨三点被枪声惊醒，发现案发现场后报警。

本例中，该五岁女童因家中发生的惨剧而惊慌失措，但从其与接警员的对话中可见，她尽力描述案情并回答问题，努力配合接警员并陈述实情。对话中虽仍有多处未遵守合作原则，降低了通话效率，然我们认为，这些对原则的违背并非刻意为之，而是出于说话人年龄尚小及受惊所致。本例中接警员的表现也非常出色，不仅及时引导会话获取处警关键信息，更成功安抚女孩，确保通话顺利进行。

在 26 组对话中(报警人与接警员的一问一答为一组对话)发现，女童无违背质准则的迹象，所违背的准则大多为关联准则 (7 处)、少许量准则 (3 处) 和方式准则 (1 处)。

会话分析如下。

1．违反关联准则

句 1 Operator：911，what is your emergency?

句 2 Child：Um，hello.

句 3 Operator：Hello．Is everything OK?

句 4 Child：My mommy and daddy.

句 5 Operator：Uh---huh.

句 6 Child：I think there is a bullet on the floor.

句 7 Operator：And the what?

句 8 Child：And there is blood，coming out of my dad’s mouth and he fell off the bed.

鉴于紧急求助会话“缩减开场白”的特点，女童向接警员致问候并不符合报警电话的要求及接警员的期待，因而违反了关联准则。由于女童的答非所问，接警员进一步询问“出什么事了”。很明显，接警员意识到报警人是一名幼童，且无法独立完成报警任务，开始转用儿童熟悉且简单易懂的词汇询问，通过提问引导会话方向，控制会话进程。

当接警员询问警情时，女童先提到了父母 (句 4)，后又转换了对象，说地板上有颗子弹 (句 6)，前后无关联导致接警员表示不解，此为关联准则的违背。可以猜测，女孩惊慌失措却不知如何描述所看到的场景，只能看到什么说什么。接警员通过提问具体信息，帮助女孩整理这些散乱的信息。

2．违反量准则

句 3 Operator：Hello．Is everything OK?

句 4 Child：My mommy and daddy.

句 5 Operator：Uh---huh.

句 6 Child：I think there is a bullet on the floor.

随着接线员的追问，女孩尝试描述所看到的场景，却只说出了只言片语“爸爸和妈妈”，缺失很多重要及必要信息，违背了量准则。接警员通过语气助词表示自己在听，并鼓励女孩补充更多信息 (句 5)。

实例 2 1999 年 4 月 20 日，美国科罗拉多州的柯伦巴因中学内发生校园枪击事件，12 名学生及 1 名教师身亡。案发之时，该校教师 Patty Nielson 在图书馆内拨打了报警电话。该电话持续了 26 分钟，期间，电话内可听到枪声、爆炸声、尖叫和吼叫声。

本通报警电话是与枪击案同时进行的，从电话内容及背景噪音中 (枪声、尖叫声等) 可以推测，随着电话的继续，有人伤亡，案情愈演愈烈。报案人 Patti 女士是学校教师，报案的同时，她正指导学生藏身于图书馆内，肩部受伤，她当时非常慌乱，尤其是在枪声临近之时，她已无法给予清晰完整的答复，所给的信息涉及过多暂不需要的细节，降低了通话效率。我们认为，Patti 在报警电话中对合作原则的违背是出于其在面临生命威胁时紧张不稳定的情绪。

在 24 组问答对话中，Patti 无违背质准则的迹象，所违背的准则主要为关联准则 (5 处)、量准则 (4 处) 及方式准则 (2 处)。

会话分析如下。

3．违反关联准则

句 1 Operator：Jefferson County 911.

句 2 Patti：Yes. I am a teacher at Columbine High School. There is a student here with a gun He has shot out a window. I believe one student---uh---um---um---I' ve been---

句 3 Operator：Columbine High School.

句 4 Patti：Um---I don' t know if it' s---I don' t know what '' s in my shoulder---if it was just some glass he threw or what.

句 5 Operator：Okay.

句 6 Patti：I am---

句 7 Operator：Has anyone been injured，ma' am?

句 8 Patti：Yes! Yes!

当接警员试图确认案发地点时 (句 3)，Patti 并未回答“是”或“否”，而是给出了一些无关信息“我不知道……我不知道什么东西射进了我的肩膀……好像是玻璃渣子还是什么其他东西”(句 4)。我们认为，Patti 在此处违背了关联准则。发现报警人偏离了主题，接警员不得不开始引导报警人获取所需信息。如句 7 中，接警员主动询问“是否有人受伤”。

我们认为 Patti 并非刻意转移话题，很可能由于现场的惊吓和紧张情况，使她无法保持会话的持续和连续性。通话中 Patti 数次将话题转至自己肩部的伤情，表现出她非常担心自己的安危。

句 33 Operator：Yes，we have a lot of people on---Okay. I just want you to stay on the line with me，I---we need to know what' s going on.

句 34 Patti：Okay.

句 35 Operator：Okay?

句 36 Patti：I am on the floor.

句 37 Operator：Okay. You' ve got the kids there?

接警员询问现场情况，“我们需要知道现在现场的情况”(句 33)。然而 Patti 仅回答了“好的”。接警员不得不继续追问“好的？”(句 35) 而 Patti 则回复了自己的情况：“我趴在地板上。”意识到无法获得自己想要的信息，接警员不得不提出细节问题，引导 Patti 的注意力和回答方向，“孩子们和你在一起吗”(句 37)。

面对接警员对于现场状况的询问，Patti 早已惊慌失措，无法集中注意力并正常理解接警员的提问，给出的回答与提问关联甚小，违背了关联准则，造成了接警员理解上的困难，同时，由于未给出足够的信息，也违背了量准则。

4. 违反量准则

句 13 Operator：Who is the student，ma' am?

句 14 Patti：I do not know who the student is.

句 15 Operator：Okay.

句 16 Patti：I saw a student outside，I was in the hall---［sound of shots being fired out in the hall；Patti begins to panic］Oh，dear God! Okay! I was on hall duty，I saw a gun. I said “What's going on out there?” And the kid that was following me said it was a film production，probably a joke，and I said “Well，I don’t think that's a good idea” and I went walking outside to see what was going on. He pointed the gun straight at us and shot and，my God，the window went out and the kid standing there with me，I think he got hit.

句 17 Okay.

句 18 There’s something in my shoulder.

句 19 Okay. We’ve got the help on the way，ma’am.

Patti 开始描述枪击事件是如何发生的，其中涉及了过多细节，(如“我今天当值，看到一支枪。我就问这个学生，‘这是怎么回事？’然后那个跟着我的学生说，这只是个电影道具，开个玩笑罢了……”) 这些细节在随后的案件调查中可能成为重要信息，却并非目前处警必需的，甚至可能延误警方获取关键信息、拖延处警。因此，我们认为 Patti 在此违背了量准则，给出了过多不必要信息。接警员并未过多关注这些细节，更不鼓励更多细节，仅用一个“Okay”表示对信息的获知，继而给出处警方案 (句 19)，安抚 Patti。

5. 违反方式准则

句 25 Operator：Do we know where he’s at?

句 26 Patti：Okay. I’m in the library. He’s upstairs. He’s right outside of here.

句 27 Operator：He’s outside?

句 28 Patti：He’s outside of this hall.

句 29 Operator：Outside of the hall or outside---

句 30 Patti：He’s in the hall. I’m sorry.

当被问及枪击犯所在的位置时，Patti 说：“好的，我在图书馆里。他在楼上。他在外面。”(句 26) 首先，Patti 的位置与问题无关，而从 Patti 的话中，无法分辨出枪击犯到底是在“楼上”还是在“外面”，答案含糊不清甚至自相矛盾，违背了方式准则。这也造成了接警员的困扰，经过多次反复提问和确认，Patti 这才醒悟过来，纠正了自己的错误，“他在大厅里，对不起”。报警人晦涩含糊的回答不仅会造成警力的浪费，更会延误处警；而接警员针对重点信息 (嫌犯所在位置) 的主动追问避免了信息的含糊不清，确保了所记录信息的准确性和精确性。

计算出报警人在整通电话中存在违背合作原则现象的说话次数在其总说话次数中所占的比例，纵向比较两名报警人各自违背准则情况，并横向比较各项准则的违背情况是否在不同报警人间存在共性。比较后发现如下几个特点。

(1) 两名报警人在准则违背的比例和规律上是有共性的：违背比例最大的是关联准则，其次为量准则和方式准则，且两者皆未违背质准则。这说明特殊情境下的交际未必符合会话合作原则。联系两则实例的背景可分析出：鉴于报警人恐慌的心理，报警人无论年龄大小都很可能在报警时无法理性思考、冷静叙述，并多次违背关联准则和量准则。主要体现在叙述中无法紧扣报警的重点 (即谁需要帮助、具体位置及紧急情况的性质)，其话语中很可能涉及过多接警员暂不需要的背景信息和细节信息(如事发经过、自身经历等);且往往对于一些细节或无关事项进行过度描述，无益于当前接处警，降低处警效率，而接警员则需从报警人无序凌乱的叙述中提取有用信息做出处警判断。此时，接警员可以通过提问控制会话方向和重点，帮助报警人整理思绪，将注意力集中在重要信息上，尽快获取关键信息。

(2) 两则实例中，报警人都存在方式准则的违背，但并不明显，且其同量准则的违背有一定联系。方式准则中要求说话人说话简练不赘述，显然报警人在紧急情况下，由于紧张或害怕情绪，很难控制适当的信息输出量，往往给出过多不必要信息(如报警人 2)，那么在违背量准则的同时必然也会违背方式准则。同时，若报警人无法保持镇静，势必也很难保持说话的条理性，这样也容易违背方式准则中说话要有条理这一次准则。这些情况的发生都将影响接警员对于警情的判断以及后续的处理，影响效率。

(3) 虽然本研究样本数量有限，但两则背景及报警人情况差别都如此之大的实例中，皆未找到明显违背质准则的证据。从理论上说，合作原则有一些特性，这些准则不同于语法规则，并非人们必须遵守的，即使违背，也不会产生语法错误或不正确的结构;同时，在一定语境下，违背会话准则可产生某种隐含的语用信息，即会话含意。含意是“较集中话语传递的非字面意义，是说话人的一种交际意图”。而本节的分析结果说明，在一般的紧急求助电话会话中，报警人通常不会刻意掩藏或扭曲事实，鲜少有制造含意的意图及必要，确保了报警人回答的真实、有效。于接警员及警方而言，在无法核实报警内容真实性的情况下，本节建议按报警信息处警。

(4) 通过对于本节实例中接警员应对策略的细究，可见接警员在报警电话中的身份是可转换的。当接警员接起电话询问警情时(例，“你好，这里是 911，发生了什么？”)，就会促使报警人对紧急情况做出描述，此时，接警员是听众;随即，接警员很可能转变为会话的主控者，针对报警人的描述进行提问索取必要信息(如事发地点、涉及人物及需要怎样的援助等)。因而接警员的角色并非只是 Banks 等［15］所定义的单纯听众，也不只是 Manning 所提倡的完全控制者，而是两者兼而有之的。我们认为，接警员应视不同情况、对象来决定交际策略，若有必要，尤其当接警员发现报警人在紧急事态的影响下无法简洁清晰地提供相关信息时，接警员应适当地在会话中转变角色，给予报警人一定的引导，提高信息获取效率，从而提高接处警效率。

通过使用格莱斯会话合作原则对两则 911 报警电话的文本进行语用学研究后发现，报警人在报警会话中对格莱斯合作原则的违背是有其特点和规律的。在报警电话中，报警人若有违背合作原则的现象，则多为关联准则，量准则次之，方式准则不是很明显，极少违背质准则。由于这些准则的违背，大多是基于报警人在紧急情况下无法很好地控制自己的情绪，无法理性思考和表达而产生，因此接警员应理解报警人并非刻意违背准则，因而不产生含意。

在实际运用中，本节希望以上会话特点可以被重视并对接处警员的培训设计有所启示。笔者建议在接处警员的培训中普及一些语用学知识和沟通技巧，重视报警人的会话特点，这将有助于接处警在实际工作中更好地理解并引导会话方向，尽快获取有用信息。接警员在求助电话中应平衡好自己的角色，在适当的时机调整角色(听众/控制者)，才能更有效地获取所需信息，高效接处警。

同时本节也从侧面引出另一个问题，即公众缺乏拨打报警电话时相应的知识和技巧，不懂得如何配合接警员提供重要信息。在报警电话中高效地提供关键信息就如同紧急避难一样，是需要普及和学习的。例如在意大利北部，接处警员们向学校及社区提供常规课程，普及报警电话的运作知识、报警时的沟通技巧以及如何有效地配合接警员，从而有效提高接处警效率。因而本节也建议接处警部门对公众普及相关知识、提高公众的应对能力。

第七节　二语习得的会话分析

二语习得的会话分析路径强调通过研究互动言谈和行为，了解二语学习者如何在会话中有效利用各类互动资源、创造二语练习时机并提高二语互动能力。该路径关注学习者如何在社会互动中发展第二语言，有助于深入揭示二语发展的社会建构机制。本节梳理会话分析应用于二语习得研究的背景，介绍 CA-SLA 的基本观点、方法特色及最新进展，同时讨论该路径的价值与不足。

二语习得自 20 世纪六十年代开始成为一门独立学科，至今已有近五十年发展历史。多年来，坚持二语习得认知科学导向的研究占据主流，强调语言学习是心理现象，关注对语言学习内在机制的探讨。20 世纪八十年代，二语习得社会派研究兴起，语言学习的社会属性逐步引发关注。研究者们积极引入社会学理论(如社会文化论、语言社会化理论、身份认同理论等)，提出一些有特色的二语习得研究路径。其中，Kasper 等把会话分析 (conversation analysis，以下称 CA) 应用于二语习得研究，探讨互动言谈和行为 (talk-and-other-conduct in interaction) 中蕴含的二语习得机制，开启了二语习得的会话分析路径 (the conversation-analytic approach to second language acquisition，以下称 CA-SLA)。本节介绍 CA-SLA 的理论背景、主要观点、方法特色及最新进展，同时评述其价值与不足。

一、理论背景

早期行为主义语言学习观强调，所谓学习，不过是学习者接受外部语言刺激、经反复操练后形成特定语言习惯的过程 (Larsen-Freeman，2007)。20 世纪五十年代，乔姆斯基批判行为主义提出普遍语法理论，主张所有语言在深层结构上享有共同特征。个体依靠先天拥有的这些特征，凭借天赋的语言习得机制，可以在外界语言输入刺激下习得语言。以此为基础，传统二语习得认知派研究关注语言和语言学习的心理属性，强调虽然学习发生在社会环境中、受社会环境因素影响，但语言学习本质上是发生在个体内部的认知心理过程，二语习得研究的对象应该是学习者大脑中抽象的语言表征及其发展过程 (Doughty&Long，2003；Gass et al，2007)。

20世纪八十年代开始，受社会文化论(sociocultural theory)、活动理论(activity theory)、语言社会化(language socialization)、对话主义(dialogism)、社会建构主义等影响，越来越多的二语习得研究者反对把人类认知与社会环境相对立，强调人类的语言发展内含于社会活动的参与过程中(Swain&Deters，2007)。研究者们在不同理论背景下提出诸如二语习得社会文化论、二语习得社会化理论、二语习得身份认同理论等，强调语言学习是一种社会现象，具有社会属性。其中，社会文化论重点关注人类的认知发展如何受语言和社会符号等心理工具的调控；身份理论把二语习得看作身份构建的偶发过程而非机械行为，其研究重点在于二语身份构建的相关话题；语言社会化理论主要探讨学习者如何在语言学习过程中实现个体社会化，强调语言学习和使用的宏观与微观语境对社会化过程的影响。这些二语习得社会派研究理论，与在二次认知革命影响下逐步发展起来的二语习得复杂论、动态系统论等一起，聚集在基于使用的语言发展观(the usage-based approach)大旗下，对传统二语习得认知派研究提出挑战，促进了二语习得学科的多维发展。

不难看出，二语习得社会派强调“语言的习得以使用为基础”(Firth&Wagner，2007：806)，主张以社会交际活动中的二语使用为研究对象。为深入考察二语互动言谈和行为，探讨学习者如何在社会互动过程中发展第二语言，Kasper等研究者把视线投向以互动言谈和行为为研究对象的CA。CA源于民俗方法学(ethnomethodology，以下简称EM)，在20世纪六十年代出现于美国，主要创始人有Sacks和Schegloff等。CA主要在微观层面探究普通人如何参与社会活动，强调社会行为的意义来源于社会秩序，社会秩序的构建则以互动行为为基础；其核心诉求是探究人际互动过程中社会秩序的建立、维持及改变(Kasper&Wagner，2011：118)。CA关注言谈互动在人类建构和表达经验、个体身份及社会关系中的作用，把对人类社会行为的研究转变为对互动过程中语言的分析(Schegloff，1996)，主张通过调查与分析互动言谈(talk-in-interaction)中的序列组织(sequential organization)，揭示其背后的社会行为和社会属性。

Kasper等(2011)倡导把CA运用于二语习得研究，提出二语习得的会话分析路径，强调通过分析互动言谈和行为，了解二语学习者如何在会话中有效利用各类互动资源、创造二语练习时机并提高二语互动能力。CA-SLA关注学习者如何在社会互动中发展第二语言，有助于深入揭示二语发展的社会建构机制。虽然与其他二语习得社会派理论的研究视角相似，但CA-SLA坚持数据驱动和激进的主位视角，强调语料真实性和自然性。这些特点受到部分二语习得研究者青睐，引发了一批有影响力的实证研究。作为一种有助于深入揭示二语互动能力发展机制的研究路径，CA-SLA渐趋成型并开始稳步发展。

二、观点和方法

互动能力(interactional competence)。CA-SLA强调语言学习是一种社会共建行为，其研究重心在于通过对二语互动言谈和行为的观察与分析，描述和解释二语互动能力的获得与发展(Kasper&Wagner，2011：117)。互动能力概念最早由Kramsch(1986)提出，是外语交际能力的重要成分。CA-SLA研究者强调，互动能力不是个体内在的心理品质(Seedhouse，2004)，

“不是指一个人知道什么，而是这个人能与他人一起做什么”(Young，2011：430)。与传统研究强调能力与表现 (competence vs.performance) 的差异不同，CA-SLA 研究中不存在所谓“互动能力”与“互动表现”的区分。互动能力的本质就是实践 (practice)，由会话参与者在互动中共同构建，是参与者为了产出和理解互动行为所采取的一系列实践行为的总和 (Kasper&Wagner，2011：118)。

从话轮转换、序列组织、话轮设计到话语修正，互动能力存在于并影响着整个互动过程。二语学习者要积极参与人际互动、了解二语社会的互动秩序、掌握建立和维持互解的方法，学习与发展必要的互动能力至关重要。互动能力的“互动”有两层含义：1) 这是有效互动必需的能力；2) 这种能力只能通过参与者互动获取 (Kasper&Wagner，2011)。因此，互动能力在二语习得过程中具有双重职能：它既是学习的对象，又是必要的学习条件。一方面，二语学习者若想成为能熟练运用第二语言的社会成员，就必须学会如何在互动中恰当地实施并理解互动行为，发展自己的互动能力；另一方面，已经获得的互动能力可以提供有效互动的条件，有助于二语学习者监控互动程序、主动发现和解决互动问题、创造新的互动机会。

语言、认知和身份观。CA-SLA 秉承 CA 和 EM 的语言观，强调互动言谈是社会成员发展互动能力和确立互解的关键资源，直接关涉互动行为的设计及理解 (Kasper&Wagner，2011)。CA 关注会话者如何在理解对方言谈的基础上建立序列组织和构建话轮，强调语法和互动不可分割：1) 语法组织社会互动；2) 社会互动组织语法；3) 语法是一种互动形式 (Schegloff et al，1996：33)。以这样的理念为基础，CA-SLA 一方面强调互动言谈是社会成员互动能力发展的重要资源，是实施社会行为的主要载体，另一方面强调参与社会互动在二语互动言谈和行为发展过程中的重要性，肯定了二语语言能力发展与实施二语互动行为间的互生关系。此外，CA-SLA 主要进行跨语言会话分析，研究中还重视观察母语背景对会话过程的影响，以期了解二语会话者如何利用母语语法资源解决互动问题。

CA-SLA 强调认知具有社会共享特性，是扎根于互动的可视社会现象 (Kasper&Wagner，2011)。互动言谈的重要结构特征是序列组织：在互动中，每个话轮都与前后话轮有序列上的相关性，都建立在对先前话轮的理解上。有序的话轮转换需要参与者通过倾听来了解话轮走向，听者理解对话轮维持意义重大。听者可以借助所谓的“理解 - 展示”装置 (“understanding-display”device，Sacks et al，1974)，向对方传达自己对互动话语的理解，并在交际出现问题时，通过话语修正及时告知对方。正是在交际双方相互理解与展示的过程中，认知的社会共享特性逐步呈现。通过观察和分析会话者在二语互动中如何理解对方言谈，CA-SLA 可以了解维系社会共享认知的程序组织，深入阐释认知在互动过程中的功能及其发展 (Kasper，2009：11)。

CA-SLA 对身份认同持有动态观，强调身份认同在互动中构建、在互动关系中产生、并在具体互动中局部引发 (Kasper&Wagner，2011)。传统二语习得研究把学习者身份信息如母语背景、年龄、性别等作为自变量，探讨这类因素对特定行为的影响。二语习得社会派学者驳斥了这种决定论兼实在论的身份观，强调二语者身份构建的动态性、多维性及矛盾性

(Norton&McKinney，2011)。CA-SLA 研究二语互动言谈和行为，对学习者身份认同的影响不做任何事前假定，更不会把身份信息作为研究的所谓“变量”，因为身份既不是固定的内在心理品质，也不是如阶层、民族、国家、宗教、性别等宏观社会矢量的交集 (Kasper&Wagner，2011：121)。CA-SLA 对身份的研究，重点在于通过精细观察和分析二语互动者可视的社会行为，展现和证实动态身份构建与二语能力发展之间的关联。

方法特色。CA 强调尊重事实，用事实说话，本质上是一种受语料驱动的研究方法 (Drew，2005)。CA-SLA 延续 CA 语料收集和分析的传统，同时亦有自身鲜明特色。

首先，CA-SLA 强调采集自然发生的语料数据 (naturally occurring data)。二语习得研究常用的数据收集方法包括问卷调查、实验研究、访谈、有声思维、参与体验等，通过这些途径收集到的数据容易在真实性和客观性上受到质疑。例如，访谈环境和交流方式等有可能影响受访者，难以保证其表达内容与事实的一致；有声思维虽有助于了解受试在执行语言任务过程中的认知心理过程，但实验压力和受试语言能力等均可能影响数据真实性；各类实验方法通过变量控制获得理想化语料，但同时也降低了语料的自然性与真实性。CA-SLA 强调通过观察真实发生的互动过程，研究二语学习者互动能力的发展。因此，CA-SLA 反对任何人为控制产生的语料，主张在不影响会话的情况下，通过录音或录像完整记录互动过程，保证数据的真实、客观和完整。

其次，在数据转写方面，CA 有完善的数据转写体系，可以把会话中声音及非声音的行为细节，如犹豫、暂停、沉默、语速变化、音量调节、手势、注视等 (Markee，2005) 转化为可视文本。CA-SLA 借鉴 CA 转写规则，可从此类细节中获取大量有关语言使用和发展的信息。当前二语习得研究关注习得过程的复杂性和动态性，CA-SLA 顺应了这样的研究趋势，为深入了解二语习得过程提供了有效的研究手段。但是，在转写过程中如何确保获取数据的二语特征？这是 CA-SLA 在方法上遇到的挑战之一。例如，在转写中标注说话者外国腔 (foreign accent) 方面，至今尚无普遍认可的转写规则。虽有学者曾提议使用拼写调节转写 (orthographically modified transcription)，但这种方式可能固化对二语说话者语音的刻板看法，不利于后续客观分析 (Roberts，1997)。因此，对于会话中暂时无法标注的二语特征，CA-SLA 目前的做法还是提供原始数据资料以供他人查证和参考 (Kasper&Wagner，2011)。

此外，CA-SLA 要获取数据的二语特征，对分析语段的选取也至关重要。CA 数据分析的重要步骤是观察语料中的互动言谈和行为以选取恰当的分析语段。CA 强调，研究者对语料的早期观察应不带任何偏见和动机，不能先验地假定某些语料无用或无关紧要，也不能在任何外生理论 (exogenous theory) 影响下观察数据。但是，CA-SLA 聚焦于二语互动言谈行为中体现出来的学习特征，对分析语段的选取必然带有一定偏向。因此，有学者提议 (Kasper&Wagner，2011)，在使用 CA 来分析语言教育、语言学习或二语发展语料时，研究者可以在语段选择上带有二语研究动机，有意识地寻找能体现会话者学习行为或证实其发展行为的语段。在确定分析语段后，研究者依然要严格遵循 CA 的分析规则和方法。

三、成果与评价

近期成果。CA 对习得的关注最早可追溯到 Zimmerman(1999)，他提出 CA 应重视会话结构的习得，以了解互动话语出现的过程及步骤。随后兴起的“发展会话分析”(developmental CA，Wootton，2006) 研究范围涵盖儿童互动能力发展、职业语境下互动能力的学习和发展、成人二语互动能力发展等。CA-SLA 主要关注成人二语互动言谈和行为，目前的成果涉及两大方向。

互动能力发展研究。CA-SLA 主要采用对比法，通过比较同一活动内不同时间的语段，考察互动能力的短期发展 (development in the short term)；或通过比较长时间内有连续性的不同活动，考察互动能力的长时发展 (development over time)。互动能力短期发展研究 (Kasper&Wagner，2011) 观察到互动过程中存在的二语学习证据：1) 二语说话者没有使用某一可能的目标词；2) 参与者提供目标词；3) 说话者没有即时摄入、识别或反应；4) 说话者在下一语段中正确使用目标词。互动能力长时发展研究 (Nguyen，2008) 大多是纵向跟踪研究，通过追踪活动模式、参与风格、语言资源使用的发展状况等，考察不同场合下互动能力的历时发展。

语言学习社会行为研究。CA-SLA 强调语言学习是可解释可识别的社会行为。当二语会话者把语言学习作为首要互动目的时，会有一系列不同于一般说话者的行为如延迟话轮、语码转换、请求帮助或解释等；当互动出现危机，二语会话者还会通过构建新的话轮积极创造言谈机会。研究发现 (Kasper，2004；Markee&Seo，2009)，母语者在互动中能够识别和解释这些行为，并能及时调整自身言谈与行为，为学习者提供新的学习机会和语言资源。CA-SLA 的任务之一是通过观察和分析这类语言学习社会行为，了解二语说话者如何通过与母语者间的互动实践，系统创造学习机会并获得新的语言资源。

近几年，CA-SLA 研究范围在扩大，研究方法有所发展，一些有影响力的研究成果也逐步出现。其中，Burch(2014) 收集和选取母语者与二语者会话的语段，分析了涉及二语交际策略 (如计划策略和补偿策略) 的互动言谈和行为，提出所谓的交际策略并不是心理构想，而是互动过程中可视的社会行为。Eskildsen&Wagner(2015) 关注手势在建立和维持互解过程中的重要性，考察了言谈与具身行为关系的历时发展及其体现出的二语学习特点，调查了二语词汇习得与手势语使用的相互关联。Kasper&Prior(2015) 通过考察访谈过程中的故事叙述语段，分析了叙述者和采访者为达到访谈目的，共同发起、产出和结束故事叙述的一系列互动行为，讨论了自传式访谈中故事叙述方法的互动特征。Dings(2014) 讨论了互动能力的操作化问题，提出把协同行为 (alignment activity) 纳入互动能力范畴，从社会认知视角出发更新了对互动能力的认识与解读。

值得注意的是，国内研究者对 CA-SLA 的关注也在加强。他们有的开始逐步引介 CA-SLA 理论和方法；有的采用 CA 方法探究课堂环境下二语会话修正、语码转换、意义协商等问题；有的认识到二语会话能力发展的重要性，倡议把会话组织能力纳入语用能力分析框架，扩展了二语语用研究的视角 (李民、肖雁，2012)。但是，国内目前尚未出现在发展会话分析视角下运用 CA-SLA 考察成人日常二语互动言谈和行为的研究。

价值与不足。CA-SLA 最大的特色体现在：1) 拒绝理论先入，提倡数据驱动；2) 激进的主位研究视角 (radically emic perspective，Markee&Kasper，2004；Ortega，2009)。下面我们从这两个方面分别讨论 CA-SLA 的价值与不足。

第一，CA-SLA 强调对数据的收集和分析不受任何先验理论影响，这有助于更新对一些传统构想的解读，具有积极的理论和实践价值。例如，传统研究长期关注学习者语言缺陷，强调以母语者语言为衡量标准，通过比较母语者和学习者语言的不同，探究学习者偏误出现的规律和原因。CA-SLA 认为，学习者不是也不应被看成是有缺陷的母语者，对二语会话的分析不应受偏误理论影响。一些所谓体现学习者学习缺陷的指标，如重启 (restart，Carroll，2004)、修正 (repair)、词汇搜寻 (word search，Brouwer，2003)、句尾元音标记 (vowel-marking，Carroll，2005) 等，其实都是学习者有效利用互动资源、发展互动能力的体现，是值得深入分析和调查的研究对象。有学者指出 (Burch，2014；Ortega，2009)，CA-SLA 对二语习得最大的贡献，正是这种有关学习者偏误和缺陷的理念更新。

理念的更新必然带来研究视界的扩展。CA-SLA 发掘出一些传统话题的新研究维度，丰富了二语习得研究内容 (Larsen-Freeman，2004：604)。例如，会话修正有四种主要途径：自我发起 - 自我修正，他人发起 - 自我修正，自我发起 - 他人修正，他人发起 - 他人修正 (Schegloff et al，1977)。传统二语习得研究关注互动中的意义协商，研究重点主要是符合意义协商定义的他人发起 - 自我修正，对自我发起 - 自我修正的研究十分少见。Kasper(2009：28) 指出，传统研究的弱点在于理论先入，用意义协商作为衡量标准来指导话轮选取和分析，忽略了互动言谈中一些重要的现象。自我发起 - 自我修正的行为并不发生在真空环境中，它是说话者公开展示出来的认知，是互动双方共享的社会行为。CA-SLA 重视对自我发起 - 自我修正行为的考察，扩展了原有二语会话修正的研究，有助于解释二语会话者对话轮的监控、了解其对语言资源的选择状况、并解释其二语互动能力的发展。

但是，CA-SLA 拒绝理论先入和提倡数据驱动，不可避免带来一些理论和方法上的困惑与不足。例如，我们在介绍 CA-SLA 的方法特色时曾提到，学者们建议带着二语研究动机选取能体现 SLA 特色的研究语段，这无疑是 CA-SLA 在理论先入问题上的一种妥协。再如，有关 CA-SLA 研究价值的一个经典问题是：CA-SLA 的研究发现在多大程度上可以解释语言学习 (Ortega，2009：232)？二语习得研究的目的是描述和解释习得什么、何时习得、为何习得 (Larsen-Freeman，2004：608)，由于拒绝理论先入，任何对学习的先验界定也必然不可取。那么，CA-SLA 如何知道学习何时发生、怎样发生？目前，一些 CA-SLA 研究 (Young&Miller，2004 等) 在数据分析阶段开始借鉴情境学习 (situated learning) 和语言社会化理论 (language socialization)，由此可见，为加强 CA-SLA 对二语学习现象的解释力，数据分析阶段的理论引入有一定必要。

第二，CA-SLA 持有激进的主位研究视角，主张从二语会话者角度理解、阐述二语互动言谈和行为，促进了二语习得研究方法的发展。通过采集二语互动的真实语料，借鉴 CA 转写规则，CA-SLA 发掘出二语会话中一些值得关注的语言发展现象，扩展和丰富了传统的二语习得研究内容，为深入了解复杂的二语习得过程提供了切实可行的方法指导。另一方面，受叙事分析转向影响，CA 领域也在不断进行方法创新，一些新的研究方法如叙事分析 (narrative analysis)、小故事 (small story)、互动故事叙述 (storytelling in interaction) 等被引入 CA-SLA 研究领域，给二语习得研究方法带来创新。此外，CA-SLA 研究一直关注二语课堂对话，相关的研究方法对教师培训、课堂任务设计、测试任务设计等也都具有参考价值。

但是，激进的主位研究视角一定程度上也影响了 CA-SLA 对二语习得现象的解释力。通过比较 CA 与 EM 在数据收集上的差异，我们可以看出所谓激进的由来。EM 强调，研究者应该同参与者建立友善的人际关系，获取参与者信任，通过长期观察、直接或间接参与、访谈及文件搜寻等方法，尽量收集参与者的相关信息。这种结合参与者和研究者视角的方法，既可确保数据收集的完整性，又保证了研究者信息阐释的客观性。而 CA 采取激进主位视角，拒绝任何先验理论的介入，当然也排斥在数据收集和分析过程中调用社会结构、文化、权力、意识形态等概念，更不会收集与此相关的信息。CA-SLA 承继这样的主位观，仅强调对互动可视行为的观察和分析，把来自社会和文化大背景的信息都排除在外，无法解释其他不可视现象，更无法探测个体的心理动机和企图。但是，二语习得本身极具复杂性，仅凭对二语会话中可视现象的研究，CA-SLA 无法对二语习得过程展开深入而全面的调查与解释。

CA-SLA 给传统二语习得研究注入活力，是值得尝试的研究路径。该路径把 CA 引入二语习得，为描述和解释二语发展提供了新的视角，可以加深对二语发展机制的理解，深入考察社会因素在二语发展中扮演的重要角色，有利于二语习得理论和实践的发展。但是，CA 目前面临诸多挑战，主要批评包括研究范围狭窄、会话语段的选取和分析脱离语境；过于关注话轮细节、研究结论不具普遍性等。CA-SLA 要对二语习得做出实质性的贡献，除考虑以上因素外，还应结合二语习得学科自身的特点，考虑二语会话的多变性、母语互动能力迁移的特殊性、二语互动行为的可比性等问题，进一步扩展研究内容、更新研究方法，同时适当借鉴其他相关的学习理论，争取在科学性和解释力上都有更大突破。

第八节　话分析在心理阻抗研究中的作用

本节从探讨会话分析与心理治疗的关系入手，从会话分析的视角对心理治疗中的阻抗进行了研究。研究表明，阻抗的产生及其应对是一个遵循特定结构的交际双方动态协商的过程，其虽然是一种自我防御现象，有时也能反映出来访者积极参与治疗及发挥主观能动性的努力。会话分析是研究阻抗乃至心理治疗的一种行之有效的方法。

会话分析（conversation analysis，CA）是研究人际交谈的独立的社会学研究方法。它以自然会话的录音、录像转写语料为研究对象，从会话的话轮转换（turn-taking）、话轮设计（turn design）、社会行为（social action）、序列结构（sequence organization）等特征入手，从点到面、由表及里、从微观到宏观全面细致地揭示人际互动及社会生活的运行机制。会话分析是以某种社会行为为核心、以基本的话轮组织和序列组织为切入点、以会话参与者为导向的质性的研究方法，其主要目的在于揭示特定的任务或活动如何在话轮互动中实现。

会话分析在医疗领域已得到广泛应用，涉及医患关系研究、特殊人群的言语障碍及康复研究、心理咨询 / 治疗研究、神经认知疾病诊断研究等，并已取得丰硕成果。

一、会话分析与心理治疗

心理治疗是指用心理学或心理生理学的方法对人格障碍、心理疾患的治疗。20 世纪 50 年代，社会科学和语言学开始涉足心理治疗领域，对心理治疗过程研究的重视为会话分析在此领域的应用提供了契机。20 世纪 60 年代，美国学者 Harvey Sacks 最早把会话分析应用于心理咨询 / 治疗，他从会话分析的角度对危机热线以及青少年群体治疗语篇进行了论述。Labov 等发表了该领域的奠基之作，而 Davis 有关治疗师解述来访者话语的论文具有里程碑意义，从 20 世纪 90 年代至今，以会话分析为研究方法的心理咨询 / 治疗研究兴盛起来。国内对心理治疗互动的会话分析研究也得到了一定发展。

心理治疗一般通过对话呈现，通过人际互动得以执行和实现，治疗效果的产生很大程度上取决于会话参与者是否采用了合适的会话方式。本节以心理治疗中的阻抗（resistance）为例，说明会话分析作为一种心理治疗研究方法的可行性和有效性。

二、会话分析与心理治疗中的阻抗

阻抗是心理治疗中经常出现和不可避免的现象，是指来访者为了保护自己的隐私而表现出的无意识行为，是来访者的一种自我心理防御。在会话分析的框架下，国际上已有心理学家及相关学者对阻抗进行了研究，主要包括阻抗的序列结构、应对阻抗的手段和方法，以及采用的手段、方法与会话双方的权势身份及所扮演的角色之间的关系等，但汉语语境下的心理阻抗会话分析研究鲜有开展，为此本节力求以会话分析的视角对汉语环境下的心理阻抗进行研究。

研究语料。本研究的语料来自某省级精神卫生中心通过录音的方式收集到的治疗师和来访者面对面交谈的心理咨询 / 治疗的语料。承担心理治疗工作的均为获得心理咨询师二级资格的精神科医生。来访者的年龄、受教育程度、咨询的心理问题和所患心理疾病各不相同，包括癔症、抑郁、强迫症及精神分裂等。本节随机选取了 4 次心理治疗的语料进行分析，并按照 Jefferson 提出的会话转写标准进行转写（转写体例见附录），为了保护隐私，转写中涉及的人名、地名均已隐去。

心理治疗中阻抗的人际互动特征。相邻对（adjacency pair）是会话的最基本单位，它由一问一答前后两个话轮组成，也是会话序列结构最基本的构建单位。一个社会行为的执行需要通过会话的序列结构实现。而序列结构正是在一个根相邻对 (base adjacency pair) 基础上扩展 (extension) 的结果。心理治疗中的阻抗行为则是在阻抗序列（resistance sequence）中得以实现。结合前期研究，笔者发现并总结了阻抗序列的以下特征。

“提问 - 回应 - 后续”三步回合结构是阻抗序列的典型结构心理治疗中的阻抗序列一般由一个问答相邻对和一个后续行为（即后扩展）组成，进而形成“提问 - 回应 - 后续”的三步回合结构。来访者对治疗师提问的回应往往是与治疗师的期待相悖的非优先性应答，而后续往往是由两个话轮以上的非最小后扩展组成，执行询问、评价、建议等后续行为，反映了治疗师对来访者阻抗行为的进一步应对。MacMartin 也曾以问 - 答序列为研究对象，探讨了来访者对治疗师乐观提问 (optimistic questioning) 的阻抗，重点考查了来访者实施阻抗的语言手段以及治疗师所采用的应对策略。

例 1：①治疗师：还在别的地方住过？ =

②来访者：= 没在别的地方住过。

③治疗师：你这小王庄：去了吗？ =

④来访者：= 没去过。

⑤治疗师：也没看过?

⑥来访者：嗯：

例 1 是一个阻抗序列的实例，由提问、回应、后续 3 部分组成。其中话轮①中，治疗师在事先已知晓来访者住院经历的情况下询问其是否在其他医院住过院，期待得到来访者肯定的回答，从而引出对她病情的交流，而在话轮②中，来访者立即给出了一个非优先应答的回应，否定自己曾经在其他精神科住过院。来访者的阻抗和“不合作”行为进而引发了治疗师在第③话轮的质疑，用以提醒来访者曾在小王庄精神病医院住过院，期待得到对方肯定的回答。治疗师采用“你这小王庄去了吗”的表述方式，而并未使用常规句式“你去过小王庄吗？”，用确指“小王庄”替代话轮 1 中的“别的地方”，也将“小王庄”句法前置于凸显位置，近指词“这”则体现了所指对象“小王庄”对于说话者的心理距离的凸显，“小王庄”后语气的延长也起到了相同作用。对于治疗师的质疑，来访者再次给出立即否定（第④话轮）。随后治疗师用否定疑问句“也没看过?”再次询问并确认（话轮⑤），依然得到了来访者的否认回应（话轮⑥）。显然此例中，阻抗序列的后续行为是在“提问 - 回应”相邻对基础上的非最小后扩展。

阻抗的产生及其应对是一个交际双方动态协商的过程 Yao 等通过对汉语心理治疗的语料进行观察和分析，从会话分析的角度对问题阻抗进行了研究。该研究不仅探讨了来访者的阻抗手段和治疗师的阻抗策略，而且还从宏观语境的视角，结合中国的社会文化背景，对阻抗过程中会话双方使用的阻抗策略和双方的权势关系进行了研究。研究认为，阻抗是在会话双方互动的过程中产生的，是交际双方动态协商的结果，而不仅是指在来访者对治疗师的反抗、不服从、不接受或不配合，治疗师不应把责任都归咎在来访者身上。

会话分析可以从微观的角度诠释阻抗的形成和应对过程，认为阻抗的产生既可能是来访者自身的因素，也可能有治疗师的因素。从会话分析的视角来看，心理治疗和咨询中阻抗的表现形式主要有沉默、少言、冗言、答非所问、明确抵触及转换话题等。治疗师则会使用乐观提问、循环发问、解述及积极退让（active retreating）等方式应对。阻抗的表现方式直接引发治疗师的应对方式，对阻抗的应对方式会一定程度上影响或决定阻抗的结果。

在例 1 对话中，由于治疗师已通过来访者家属事先知晓来访者的病史及住院记录，因此在提问时已对来访者的回应有所期待。当来访者的回应没有达到其预期时，他并未采取直接挑明事实的方式，而是以不断升级提问的方式和力度进行确认和质疑，结果并不能缓解来访者的阻抗，反而导致阻抗不断强化和升级。在后续的对话中，这种阻抗一直持续，而围绕住院情况的质疑一直发展了几十个话轮，直至医生挑明了事实（见例 2 第⑦话轮），围绕“是否住过院”的阻抗行为才结束。

例 2：①治疗师：= 上过小王庄：精神病医院吗那住过吗 =

②来访者：= ＞没住过＜（（生气））

③治疗师：（0.8）啊，这里就不大对啦啊：

④来访者：你不大对不大对呗，没住过就是没住过

⑤治疗师：这个说 - 说的我就是验证验证是你不说实话还是你男人在撒谎呢

⑥来访者：嗯，我也没撒谎。

⑦治疗师：嗯：他也说的是实话。(1.0) 小王庄住过最少两次，

⑧来访者：咳：（hhenhh）

⑨治疗师：啊：：

（1.5）

⑩来访者：（（轻笑））哈呵：

治疗师：呃：[是] 不是啊

来访者（[（轻笑））]

（3.0）

在例 2 中，治疗师在话轮①继续询问来访者是否在小王庄医院住过院，依然得到来访者的阻抗回应，直至话轮⑦治疗师通过直接挑明事实的方式给予回应，来访者的轻笑声（话轮⑩和　）表明其对治疗师所述事实的默认和对阻抗的放弃。说明针对来访者的阻抗，如果治疗师在互动过程中不断调整并尽早使用恰当的应对方式，能够对有效结束阻抗产生积极影响。

阻抗有时反映了来访者积极参与治疗及发挥主观能动性的努力从治疗师使用的阻抗应对策略可以看出，一般情况下，治疗师掌控着话题及话轮的转换，拥有较高的权势地位；而来访者的权势地位则较低。然而，治疗师和来访者的这种权势关系不是一成不变的。通过对语料的细致观察和分析，笔者发现阻抗不只是来访者对治疗师的不配合，也是来访者积极参与治疗并发挥主观能动性（patient agency）的一种有效方式，体现了来访者对权势动态的争夺。从这个角度来讲，阻抗是来访者和治疗师之间权利平衡的一种方式。

在心理治疗过程中，来访者有时会对治疗师的治疗建议或问题诊断表示反对或者不接受，这种情况下，阻抗虽然会延缓治疗会话的进程，但是从某种程度上来看，这却是来访者积极参与治疗并发挥主观能动性的一种有效方式。

例 3：①治疗师：你这个问题啊，得吃药和心理治疗两结合，光吃药白搭。

②来访者：嗯：，可是我这个胃，感觉胃很烧得慌，半夜还光醒。

③治疗师：这个我 - 我给你说啊，就比如你发烧了，你就光治发烧，

④其他症状没在意。

⑤来访者：嗯 .

⑥治疗师：这都是 - 都是治标不治本的做法啊：

⑦来访者：（0.8）

⑧治疗师：° 是不是啊？°

吃药只能是个辅助 .

⑨来访者：哦：：，要解决我心里的问题，是吧？ =

⑩治疗师：= 嗯，很重要。

在心理治疗中，来访者的主要目的之一是向治疗师寻求建议和治疗方法，所以他们最关心的、参与最多的就是治疗建议的给予部分。在例 3 中，治疗师在第①行提出了治疗建议。对于治疗师的建议，来访者先是做了一个最小认可“嗯”，然后就开始述说自己胃部的不适症状，似在强调药物治疗的必要性，并未明确接受治疗师的建议。这属于阻抗行为中的消极阻抗（passive resistance）。在治疗师给予治疗建议或提供治疗方案时，来访者如果没有明确表示接受，而是采用沉默、最小应答等方式回应，均可认为是来访者消极的阻抗行为。在治疗建议被阻抗后，从③行开始，治疗师对这一治疗方案进行了解释说明，直到来访者对这一方案表示接受和理解。

例 4：①治疗师：你这个病啊 - 叫精神分裂症，

②啊，不是光是失眠

③来访者：.hhh 嗯：，可是我觉得我挺正常的，

④和别人交流也没问题，

⑤我就是睡觉不大好

⑥怎么就可以诊断我得了精神分裂了呢

⑦治疗师：你不光是失眠啊，

⑧你刚才说你能听到别人的声音，

⑨看不见人能听到别人的声音，

⑩这就是幻听啊，

典型的精神分裂症状 .

来访者：哦：.((点头))

例 4 中，据来访者家属转述，来访者被诊断为精神分裂，但是因为觉得治疗精神分裂的药有副作用，且认为自己只是失眠并非精神分裂而拒绝吃药。在第②行来访者对治疗师的诊断表示质疑并说出自己的看法和质疑的原因。面对这种情况，治疗师进一步解释患者的病情，

旨在使来访者对自己的状况有更清晰的了解并接受诊断结果。在第②行，来访者以一个拖长的“哦”作为应答，并伴有点头的动作，表示来访者对治疗师诊断的理解和接受。

在以上例子中，阻抗成为来访者参与互动的一种方式，治疗师可以充分利用这种方式，使来访者积极参与治疗，有利于增进来访者对治疗过程及方案的了解，从而为建立良好的治疗关系打下基础。

从收集的语料来看，来访者对治疗师治疗方案以及诊断的阻抗以消极阻抗为主，一定程度上表现了来访者对治疗师社会地位的承认和尊敬，这是由来访者和治疗师之间不平等的话语关系决定的。在心理治疗等机构性会话中，由于治疗师拥有较高的角色性权利和社会性权利，使得来访者通常处于弱势和被动地位。从这一角度来讲，阻抗是来访者发挥自己能动性的一种方式，表现了来访者对权势的争夺，也表明了治疗师和来访者之间的权势关系不是静态的、一成不变的，而是动态争夺的过程。

本研究表明在心理治疗中，阻抗序列的产生及回应是交际双方动态协商的结果，并遵循特定的结构。同时，阻抗虽可能延缓治疗进程，但如对其有效利用，可有利于发挥来访者的能动性，促使来访者积极参与心理治疗。由此可见，会话分析能从细微之处全面地解读阻抗等心理治疗中的现象，是研究心理治疗的一种行之有效的方法。会话分析对于研究阻抗现象乃至心理治疗的过程提供了新的方法和视角。

第四章　会话分析的创新研究

第一节　基于真实语料的会话分析

我国传统课堂中的外语学习者“沉浸”在“完美英语”的学习中，使学习者失去了发现语言规律和揭示语言背后社会秩序的机会，导致尴尬的局面并影响交际效果。通过会话分析的方法，以话轮和会话序列为核心原则，对真实语料进行案例分析，注重对会话细节的转写，证实真实语料中看似杂乱无章的“话轮交替”“话语重叠”和“叙事会话序列”背后隐藏着会话构成的规律和组织机制，可帮助外语学习者了解本族语操持者在真实会话中，是如何进行言语反馈、获取话轮和积极回应的。

会话分析作为一种科学的研究方法，诞生于 20 世纪 60 年代美国的社会学领域。通过对发生在日常生活中的会话进行仔细分析，可发现隐藏在其中的社会机制。会话分析作为一种研究方法，强调使用真实语料进行研究，注重对会话细节的转写，以揭示言谈应对的内在秩序为研究目标。通过在中国知网上以“会话分析”为关键词进行查询，发现一大批“会话分析”研究都不是以真实语料为研究对象的，使用的语料来自访谈节目、影视作品以及文学作品等。其中一些论文通过对这些“非真实”的语料进行会话分析，用以探讨其在培养外语学习者交际能力中的作用，背离了会话分析的研究传统。长期以来，我国传统课堂中的外语学习者“沉浸”在“完美英语”的学习中，虽然近年来随着人们越来越关注在教学中使用真实语料，教学材料过于“理想化”的现象有所改变，但与本族语操持者的真实会话还有一定的距离。日常会话中的停顿、言语反馈、话语重叠等自然现象的出现，在我们的外语学习者看来是混乱繁杂的，而教学材料中的语言则过于“整洁”。在自然、真实的言语交际中，由于不了解隐藏在日常会话背后的自然规律和社会秩序，常常导致尴尬的情况产生并影响实际的交际互动效果。在这样的背景下，非常有必要通过会话分析的方法对真实语料进行案例分析，以证实经常出现在看似杂乱无章的“非完美”真实语料中的“话轮交替”“话语重叠”和“叙事会话序列”背后，隐藏着的会话构成的规律和会话的组织机制。

一、会话分析的关键特征和研究对象

会话分析。会话分析的第一个关键特征，就是只使用自然发生的真实语料作为研究对象。会话分析的语料应该是非理想化的，在自然、真实言语交际中发生的随意性会话，而不是其

他定性研究的方法收集而来的语料，例如电视剧、电影、文学作品、访谈节目等。因为，日常会话中的大量信息包括了人们真实的言语行为的诸多细节，通过分析研究日常会话才可能寻找到真正的内在秩序和规律。通过对发生在日常生活中的会话进行仔细的分析，可以发现隐藏在其中的社会机制。

研究对象：英语本族语操持者之间的日常会话。为了获取自然发生的真实语料作为研究对象，本研究使用了从 YouTube 网站上下载的、来自英国的两位男士 (Ryan 和 Mike) 关于电影的日常会话。对话的主要内容是其中的一位向他的朋友叙述几天前看过的一部电影。Sacks 认为，自然会话中说话人获取说话权后，进行自发性的故事讲述行为可以视为会话叙事。日常会话叙事不是单人叙事，而是兼具叙事和面对面交互的特点，故事的引入和讲述需要会话双方共同的参与。通过电子邮件与录音发布者取得联系后得知两位男士是好朋友关系，年龄都是 18 岁，他们之间的对话是在自然的、随意的情景下发生的。使用自然发生的真实会话的录音作为语料来源，可以对研究对象进行重复且细致的观察。该语料中出现的停顿、言语反馈、话语重叠、打断等不流利的表现，其实都是在日常会话中经常会出现的自然现象。然而这些“不流利”的表现，却在外语学习过程中被打上了“错误”的标签。会话分析的实证研究环节中，将会对真实语料中出现的这些现象进行探讨。

真实语料的转写。语料的转写是一个复杂的过程，需要将看似杂乱无章的日常会话转写成结构清晰，细节完善的书面语言。本研究借助 Gail Jefferson 转写体系，根据研究目的和个体的认知对真实语料进行了转写。Hutchby et al. 指出，语料的转写不可能保证会话过程中的每一个细节。这就需要转写者综合考虑多种因素，关注会话过程的重点细节，比如沉默、话语重叠、拖音、重音等特点。为了抓住会话的细节和真实面貌，笔者一遍遍不厌其烦地听录音进行语料转写，然后再对照语料的转写回过头听录音，以尽量保证录音文本的准确性与可靠性。因为会话分析是基于言谈应对的研究，除了语言本身，其中隐藏的社会行为也是研究对象。会话中所有可以观察和感受到的语言和非语言内容，都是值得记录和分析的。由于本节的研究对象是日常会话录音，一些肢体语言内容也有可能对会话的组织结构和社会行为的理解产生影响。但由于语料本身的限制，本次不作探究。语料转写过程本身，其实就是研究的过程。作者在语料的转写过程中也遇到了一些问题。比如，有时很难决定使用多少个冒号 (:) 来表示声音的拖长。冒号用来表示说话者声音的拖长，多个冒号表明说话者声音拖得更长一些 (与行文中常用标点符号的用法不同，这里是转写体系中的特殊标记用法。文章末尾附有本节中经常使用的转写标记符合说明表)。但是，由于没有具体的时间长度来对应一个冒号所表明的声音拖长时间，尤其是在拖长的音节和另外的说话人言语重合时，很难精确地进行标记。此外，声音的拖长有时伴随着语调的改变，有时很难定位语调改变的精确位置。因此，作为转写者需要选择适当的转写符号 (本研究所使用的转写符号，将附在文末)。为了保证转写语料的准确性和真实性，笔者利用软件把每一个冒号表示声音拖长的时间定义为 0.3 微秒。

二、话轮与话轮转换

依次讲话。话轮是指在一个有多人参与的、典型有序的会话中单独讲话的时间段，发话人会产生变更，话轮是会话分析中的基本单位。通常情况下，话轮交替进行，例如 A-B-A-B-A-B 模式。Hutchbyet al. 指出依次讲话是会话的基本特征，轮番说话机制中出现重叠现象或停顿时，话轮的交替即将产生。通常情况下，要等到完整的句子或句子成分结束的时候，其他人才能说话。不同于语言学中的基本单位的概念，单个单词“Where?”“No”可以作为话轮构成单位，一个分句或完整的句子也可以构成话轮单位。在话轮构成单位的结尾处往往预示着话轮的转换。一个完整的会话就是由多个话轮与话轮之间的转换构成。下面是研究对象语料中的一个实例。

01 Ryan：Uh：，(1.1)you know，they w-they were on the sea：，they w-they were on a boat

02 on the sea

03 Mike：Is it a film?

04 Ryan：It’s-it’s a part of film.(1.3)It’s a：：=

05 Mike：=>Is it an old on<，it has a like，(1.0)there was a women with typewriter?

06(3.5)

07 Ryan：Er0，no=

08 Mike：=with Roster Kiles?

第 07 行中，Ryan 刚刚否定了 Mike 的推测，在第 08 行中 Mike 立即取得了话轮并且继续提问，试图再一次进行推测。第 07 行中的“no”在会话中是一个独立的词汇单元和话轮构成单位，表明了目前这个话轮的完整性。Mike 急匆匆地获取了说话权 (在转写文本中用“等号”表示)，说明 Mike 的话轮是紧随着 Ryan 的话轮展开。另外一个例子在第 01 行，Ryan 通过描述电影中的一个片段开始了会话。当他将要说完“they were on a boat on the sea”这个句子时，Mike 抓住了机会在第 03 行中取得了话轮。Ryan 刚刚说完的这个分句就是一个话轮构成单位。话轮构成成分是当前会话即将结束的一个信号，表明一个新的话轮即将开始。话轮构成基本成分具有可推断性的特点，会话参与者可以根据语法、语调、语用的标准来推断一个话轮构成是否完成。Have 指出话轮构成成分的末端在会话中扮演的角色是提示转换关联位置 (Transition-Relevance Place，TRP) 即将出现，但不一定实现，只是为话轮转换提供了可能。话轮转换技巧对会话的交际效果起着至关重要的作用。外语学习者在会话中不能选择适当时机插话会让人觉得过于木讷，而不恰当的插话又会给人“鲁莽”的感觉。

话轮交替与话语重叠。在通常情况下，说话权是有序交接的，即在没有事先做出任何安排的情况下，在会话的某一时间内一次只有一个人说话，但有时会出现两个或两个以上的人同时说话，故出现话语重叠的情况。话语重叠在语料转写中用方括号“[]”标记。Drew 指出会话中的重叠现象，不是随机产生的。即便会话中出现短暂的话语重叠，总会有讲话者迅速退让交出说话权。因此，话语重叠往往发生在话轮构成成分末端，即转换关联位置 (TRP) 处，预示着话轮的交替即将发生。

在真实语料中发现了以下的例子。

42 Ryan：=What?Like like a comedy?[(Straight one)]

43 Mike：[No，like-]like-like a rip-off just like a straight

44 rip-off，but-=

在第 43 行中，Mike 在听到 Ryan 的问题后，立即开始说话。实际上 Ryan 此时还在继续他的话轮，此处就出现了话语重叠。在第 42 行中，Ryan 的问题“like like a comedy”很显然可以被认为是一个话轮构成单位，通过提问的方式暗示他的话轮即将结束。因此，Mike 接过这个问题开始了新的话轮。在这个时间点上，Ryan 还没有完成他的言语，但是从转写文本中可以看出在他接下来的谈话中补充了他先前的提问，这些言语的语速非常快 (用大于、小于符号标示)。因此，这个提问可以被认为是预示该话轮的结束。Mike 听到问题的同时快速地获取说话权并开始了新的话轮而忽视了 Ryan 的讲话还在继续，话语重叠在此又出现了。这个例子也证明了 Jefferson(1986) 的结论，话语重叠很有可能发生在转换关联位置 (TRP) 处。

在日常会话中出现的重叠现象，有时却是一种杂乱无章的直接打断，甚至破坏了话轮交替原则。在会话分析中，对于日常会话中的话语重叠现象需要分情况讨论。

以下就是在真实语料中，话语重叠作为“打断”的实例。

49 Mike：No one. Like it’s one famous at all：，but it’s all[like you know]an Ibis=

50 Ryan：[you’ve got IBIS]

51 Mike：=Yeah I’ve got it on video，(0.6)0>I can’t，anyway，<0er，but like really Ibis they

52 Should have really high：(.)standards and like(.)like the best equipment.=

在第 50 行中，当 Mike 还没有结束说话时，Ryan 突然插入了一个问题，而且他说最后一个单词的声音还非常大。这种现象一方面可以看作是一种“打断”，另一方面可以看作是一种“认可性”的话语重叠现象。此时，Ryan 似乎已经通过 Mike 的描述预知了他想说的话，在 Mike 之后的谈话中也可以证实这一点。在这种情况下，讲话人的反应能力在某种程度下变得迟钝了。Ryan 的言语更多的是认可 Mike 的观点而不是打断他的话语。然而，研究对象中的个例不能代表日常会话，话语重叠现象不是一种“打断”的观点还需要更多的实例来验证。

话语重叠现象在研究对象中有多次出现，可以归纳出以下的特征。在话语重叠现象发生时，言语的方式往往会发生一些变化。说话人通常会提高说话的音量、声调或者拖长声音。在研究对象的第 15 行、第 16 行、第 50 行和第 54 行出现了这些变化。

15 his head or some? thing>he was?[sort of<HALF machine](0.6)

16 Mike：[so：：：]Er：=

17 Ryan：=and then：it was(0.6)it was th-the woman from a fish called Wanda? was? in it?

18(2.3)

19 Mike：[0No0]

20 Ryan：[>Something]some like<from the space hit-hit the boat(1.4)and it all went

49 Mike：No one. Like it’s one famous at all：，but it’s all[like you know]an Ibis=

50 Ryan：[you’ve got IBIS]

51 Mike：=Yeah I’ve got it on video，(0.6)0>I can’t，any way，<0er，but like really Ibis they

52 Should have really high：(.)standards and like(.)like the best equipment.=

53 Ryan：[=Yeah，it’s really good]oxygen stuff.

54 Mike：[>That’s just like THAT<]

如前所述，话语重叠往往发生在话轮转换关联位置 (TRP) 或者新话轮开始的位置。通过提高言语的音量或声调，可以获得当前说话人的注意，以使其能够快速结束当前话轮，从而获取说话权。因此，这一类型的话语重叠现象，是说话人为了自主获取新话轮而自发的行为。另外一个现象是，在有的话语重叠现象中，不论是当前话轮的说话人还是想要获取新话轮的说话人，语速都非常快。在真实语料的第 15、20、52 和 54 行中有所体现。其原因可能在于话语重叠发生的位置。当前说话者想要快速结束当前话轮，下一个话轮的说话人又在尝试获得话语权，双方都加速了这一进程。这一现象也和 Drew 的总结一致。Drew 指出会话参与者的默契合作，在谈话即将结束时，构成了预示结束的建议，这种建议实际上要求对方提出新的话题或者同意结束谈话。会话参与者都想要减少话轮之间的沉默间隙和话语重叠来使话轮之间的转换更加顺利。

话轮交替和支持性言语反馈。会话是发生在会话参与者之间的互动交际过程。参与者扮演着说话人和听话人的角色，并且在交际过程中不断变换自己的角色，参与者在会话活动中都表现得非常积极，以保证会话的顺利进行。在互动交际中，听话人对说话人的言语要做出恰当的反应，来表明自己对会话的积极参与是必不可少的。听话人会通过支持性言语反馈，来支持或帮助当前的说话人完成其言语行为和话轮。支持性言语反馈在话轮交替中的重要特点，是它不以取得话轮为目的。在叙事会话中，听话人往往在可能出现话轮转换的关联位置时，通过支持性言语反馈向当前说话人所讲内容和观点，表示出支持性态度，支持讲话人继续占有说话权。从语言结构上看，言语反馈往往比较简单，通常由词或者短语构成，非言语反馈还包括笑声、手势等。Heinz 指出，言语反馈的目的是通过听话人所表达认可、否定或不确定的反馈行为，来示意下一个话轮是否可以由前一说话人继续享有。与此同时，听话人有机会通过言语反馈改变会话中话轮的进程。

以下是会话分析中的一个实例，表现支持性言语反馈出现在当前说话人话语的自然停顿处，而支持性言语反馈不会影响当前说话人话轮的构建。

20 Ryan：[>Something]some like，from the space hit-hit the boat(1.4)and it all went

21 zzhzhhzhzhz like this.(1.3)Then all the machines started being really evil and

22 building things to-and like making(1.2)making robots(1.1)all become really

23 intelligent and evil and they made? Bits of? Each other and made bits(0.4)>started<

24 killing everyone. And there' s a Maori guy? In it? And the woman was like you' ve

25 got a really(>high pain threshold<).

26(2.0)

27 Mike：0Oh：：↑ 0=

28 Ryan：=>And it has been<(0.5)a knife like a big knife made of stone

第 26 行中，Ryan 的讲话中有一处停顿，这是一个话轮转换关联位置 (TRP)，在这个转换关联位置，Ryan 已经完整地表达了一个意义并且准备把说话权移交给 Mike。第 27 行中，Mike 紧接着通过一个提高声调的言语“Oh”来表明他对 Ryan 的话题十分感兴趣，表示前者还可以继续拥有话轮。这个支持性言语反馈表达 Mike 想听 Ryan 继续讲述的意愿，当前讲话人可以继续拥有说话权。这一支持性言语反馈协助 Mike 把说话权又交回到先前的讲话人手中。

另外一个实例：在第 63 行中，表现了支持性言语反馈对当前说话人提供的信息或者观点持认可的态度，其中又分为显性认可和隐性认可。

61 Ryan：[Is-is-is it a bit like]piranhas>where they' ve just<got cardboard cut-outs of

62 piranhas they pull[across the water]=

63 Mike：[Yeah hahaha]

64 Ryan：=that' s like[silhouettes]of piranhas and was really weird noise they made=

在这一段转写材料中，Mike 的言语“yeah”和笑声与 Ryan 的讲述发生了重叠。Mike 通过直白的语言“yeah”直接表达了对 Ryan 的讲话十分感兴趣。同时，通过笑声，间接的语言手段表达了对说话人的同意，鼓励 Ryan 继续当前的话轮。发生在转换关联位置上的这一重叠现象，和我们前文中讨论的重叠现象的作用不同，前者的作用是终止当前话轮。而这一重叠现象是一种支持性的言语反馈，发挥了“桥梁”的作用，示意当前的说话人继续拥有说话权。

三、叙事会话序列

研究话轮和话轮的交替是会话分析研究中的一种基本策略，会话序列的研究是会话分析中的另一种策略。本节的研究对象语料系叙事会话类型。在叙事会话中，听话人和说话人都要参与对话的交际互动。会话者的每一个话轮都是建立在对前一个话轮充分理解的情况下，尤其是与之相邻的那个话轮的基础上。同样，当该话轮被成功构建之后，也会在内容和形式上对其后面的话轮产生影响。在这样的情形下，话轮发起人比通常情况下获得更长时间的说话权，说话人可以持续地讲述直到完成。作为听话人，在可能发生话轮转换的关联位置处，通过言语来表达对会话的关注和认可，则保证了话轮的连续性。

研究对象中有一个典型的实例如下：

01 Ryan：Uh：，(1.1)you know，they w-they were on the sea：they w-they were on a boat

02 on the sea

03 Mike：Is it a film?

04 Ryan：It’s-it’s a part of a film.(1.3)It’s a：：=

05 Mike：=>Is it an old one<，it has a like，(1.0)there was a women with a typewriter？

06(3.5)

07 Ryan：0Er0，no=

08 Mike：=with Roster Kiles?

09(1.5)

10 Ryan：No，>no no no<Er：(1.0)they are h they are on the boat in the sea(1.7)Uh：

11(1.9)and there was like a-a-an electronic thing ↓ from space(0.8)in-infested

12 like all the-all the machin：es(0.7)on the boat

13(1.8)

14 Ryan：and and one of an-and-something like(0.5)attacked this guy：and went into

15 his head or some? Thing>he was?[sort of<HALF machine](0.6)

16 Mike：[so：：：]Er：=

17 Ryan：=and then：it was(0.6)it was th-the woman from a fish called Wanda ↓ was? in it?

18(2.3)

19 Mike：[0No：0]

20 Ryan：[>Something]some like<from the space hit-hit the boat(1.4)and it all went

21 zzhzhhzhzhz like this.(1.3)Then all the machines started being really evil and

22 building things to-and like making(1.2)making robots(1.1)all become really

23 intelligent and evil and they made? Bits of?Each other and made bits(0.4)>started<

24 killing everyone. And there’s a Maori guy? In it? And the woman was like you’ve

25 got a really(>high pain threshold<).

26(2.0)

27 Mike：0Oh：：↑ 0=

28 Ryan：=>And it has been<(0.5)a knife like a big knife made of stone

在这个会话片段中，Ryan 试图向 Mike 描述他看过的电影，他的叙述从第 01 行开始持续到第 10 行。在第 14 行中，Ryan 简短的回答了 Mike 的问题之后，自主获取新的话轮，并继续叙事。即使在第 16 行中，Mike 尝试利用话语重叠来结束当前话轮，Ryan 依然没有放弃叙事。他通过提高音量和讲话速度的方法，表达了想要继续占有说话权的意愿并获得了成功。第 17 行中，Ryan 在 Mike 一个很简短的话轮结束后，再一次获得了说话权；第 20 行中，为了讲述故事，Ryan 利用话语重叠迅速插入了 Mike 的言语中，使得他的讲述得到了继续。

实际上，在每一个话轮中都包含了几个话轮构成成分，Mike 也尝试了利用这些话轮构成成分末端来获取说话权。例如，在第 03 行中，Mike 在 Ryan 说完一个句子后开始提问，这个问题就是话轮构成成分末端。Mike 意识到了这个插入点并且自主开始新的话轮，获得了说话权。在第 16 行中，Mike 同样利用话语重叠在 Ryan 的言语中创造了一个有可能发生话轮转换的关联位置，但是这次他没有成功获得说话权。这一实例证实了 Hutchby and Wooffitt 的结论：叙事会话不是只有单一的叙述话轮，而是在紧密的会话序列中出现了很多的交替互动话轮。

以真实语料为载体，对话轮转换机制进行分析，证实了在看似毫无规律、杂乱无章的日常会话背后，话轮的交替是有序进行的。在这一复杂的进程中，说话人和听话人都积极地参与其中。研究对象中的实例也证实了 John Heritage 的观点：会话是有组织、有结构的。表面看似没有规律的日常会话，实际上揭示了社会组织和规则。此外，会话参与者之间话轮的交替，也受到语境的影响。说话人的每一个话轮都建立在对与之相邻的话轮的充分理解之上，而该话轮建立后也会对其后的话轮内容和形式产生一定的影响。在实证分析中，会话参与者通过话语重叠，言语反馈等方式对话轮的构建产生了影响。本次选取的真实语料反映了叙事会话序列的特征：叙事者总是尝试持续占有说话权来完成讲述。然而，听话人也尝试获取话轮来积极参与其中，体现了叙事会话除了叙事本身还具有交互性的特点。

对真实语料进行会话分析，对外语学习者有一定的启示和帮助。长期以来，外语学习者缺乏发现真实语料背后规律的机会，因为他们总是面对着“完美的，被编辑过”的语料。语言作为一种交际工具，在真实会话中除了语言本身，还有很多其他的因素影响着人们的理解和交际效果。在实际交际中，参与者需要积极地参与其中，需要利用话语重叠、停顿、打断、言语反馈等方式来融入交际中。通过对真实语料进行会话分析，可以帮助外语学习者了解本族语操持者在真实会话中如何反馈、获取话轮和回应对方。真实语料中的一些“不流利”现象，例如话语重叠、打断、停顿等现象，会使会话看起来不像教科书里那样的“完美”，但是可以帮助外语学习者在真实语境中更好的学习交际，从而不会感到“尴尬”或被“排斥”在会话之外。

附注：(本节语料文字转写主要标记说明)

(.) 沉默

(3.5) 计时的停顿

，继续的语调

? 升调

[] 同步话语

>< 符号内是语速明显较快的话语

：表示拖音 (冒号越多，表示拖音越长)

= 紧随话语

() 没有听清楚的话

第二节　批评话语分析与会话分析

批评话语分析与会话分析是语言学中常见的概念，均与话语深度相关，然而话语并非指会话话语，而是集会话、语篇、社会话语等多种形态的话语集合。批评话语分析揭示话语和权利、意识形态、价值观等关系，解构社会体制；而会话分析重在研究语言的序列和嵌入。话语具有多模态性，对话语性质的判断可依据一定的参数，话语的本质不尽相同，这几个方面也可用以区别批评话语分析与会话分析。

我们提到的“话语分析”常表示会话分析，如何兆熊的《话语分析综述》其实是对会话分析的综述，实属狭义的语用学领域的研究。话语在很大程度上可以直接指代自然话语中会话的概念，但在话语分析的领域里，话语则分为话语 (discourse) 和语篇 (text)。话语分析 (Discourse Analysis，简称 DA) 与会话分析 (Conversation Analysis，简称 CA) 是语言学习者熟悉却又容易混淆的概念。鉴于话语分析多以批评话语分析 (Critical Discourse Analysis，简称 CDA) 存在，本节将重点比较批评话语分析与会话分析这两者之间的异同，以期鉴别视听、道之以道。

一、话语的多模态性

超语言的话语。话语与语言始终交织纠结、相互建构。语用学告诉我们，语言是行为方式、也是社会实践。根据语用学中语言的功能，可以简要地说，话语 (discourse) 则是社会实践中的语篇 (texts) 和话语 (talk/utterance)，是人之行事 (方式)。正如 Potter 定义到：“话语分析应致力于研究社会行为中的语篇和话语，其重点不在诸如词汇、语法体系、语言结构的不同以及表达的变化规则等语言问题上，而是互动的介质；对话语的分析变成了对人行事的分析。”可以说，话语既是语言的问题，又不是语言的问题，未曾脱离语言而独归，但重心不在语言。“话语不否认物质现实世界。”因此，语言发生的客观场景或语境也是话语。话语究竟如何界定？

话语总是与某些维度相关，这也是语言发生的意义所在。话语的类型不仅是语言的重新组建的结果，也是了解话语的概念的重要路径。

话语的行事性。Gee 提出的当我们说话或者写作时都一直并同时构建的 7 件事或 7 个领域的“现实”，即：“物质世界的意义 (the meaning and value of aspects of the material world)”、“活动 (activities)”、“身份 (identities)”、“关系 (relationships)”、“立场与策略 (politics)”、“联系 (connections)”、以及“符号系统与知识 (semiotics)”。本节借以构建话语的维度，语言与语境具有相互构建的关系。说话或写作时，我们挑选话语去适应交际场合；同时我们说的话或者写出的内容又反过来构建语境。话语必定存在与一定的语境，但语境不是话语，只有当用语言来构建以上的“几件事”之时，才产生话语。

如果我说“VIVO 在手机中加载了病毒软件”，这表示我认为病毒软件是 VIVO 故意加上去的，应该为此承担法律后果。但如果我说“VIVO 的手机中加载了病毒软件”，这表示我认为 VIVO 并非有意加载病毒软件在其手机上，因此责任较小，应承担的法律后果也较轻。“我”说的两句话，虽句子真值相同，但措辞不同，便表达了不同的立场和态度，因此他们分别是不同的话语。他们成为话语的原因，究其缘由，便是用语言行事了，进一步地说是表达了立场和态度。由此，使用中的语言便构建了话语。

根据 Organon 模式中语言的 3 种功能，话语可以分为信息类话语 (informative discourse)、叙事话语 (narrative discourse)、和论述话语 (argumentative discourse)3 种类型。然而语言的功能并非单一显现，通常 3 项功能可同时作用。例如，“她的嘴唇比正常人要红”这一句话中既给出了“她的嘴唇红于正常人”的信息，又同时具有叙事功能，并同时蕴涵“她的身体处于异常状态”的症状论述功能。因此，按照语言功能而进行分类的话语类型容易引起混淆。对话语的分类，应遵照“经过变化和变体的话语的特征”，因为这些特征相对稳定。正是由于这些稳定的话语特征，我们才能谈及话语类型。

大会还为北京顺鑫农业股份有限公司牛栏山酒厂厂长宋克伟、河北衡水老白干酿酒（集团）有限公司董事长刘彦龙、北京红星股份有限公司总经理肖卫吾、河北邯郸丛台酒业股份有限公司董事长李鹏亮、北京二锅头酒业股份有限公司董事长程学昌、北京华都酿酒食品有限责任公司总经理朱华、天津渔阳酒业有限责任公司董事长徐向忠、天津芦台春酿造有限公司总经理李继齐等酒企业家颁发了“2018 中国酒业京津冀突出贡献奖”。

Dooley&Levinsohn 提出，话语通常在以下 4 个维度有所不同：话语产出的手段 (means of production)、话语的内容 (type of content)、话语产出的方法 (manner of production)、以及话语的产出介质 (medium of production)。其中话语的产出手段主要指发出话语的人的数目，内容是语篇体裁，方法是指话语的风格和语域，话语的介质主要区分为口头和书面。Longacre 认为，忽视话语类别的语言学家只会以失败告终。因此，对于话语类型的区分，是通往语言研究的必经之路。话语根据话语的方式区别，可以分为：独白和会话、书面话语和口头话语、文学话语、专业话语和日常话语、网络话语、多模态话语等。

二、建构性的批评话语路径

Fairclough 把话语的分析方法分成两类:“非批评性的 (non-critical)”和“批评性的 (critical)”。批评性话语分析与非批评性话语分析的不同之处主要在于其解释性和批判性，而并非仅限于对现象的描述。批评性话语分析“解析出权利和意识形态对话语的建构、以及话语对社会身份、社会关系、知识体系、信仰等的建构作用”。

批评话语分析是从批判的视角通过对语言的研究而透析社会的研究路径，不再是普通的话语分析，与日常语言的对话结构等不再同行。Martin 认为，批评话语分析是一种话语分析路径，它关注社会上的不平等以及用语篇来了解权力和意识形态的方法。Van Dijk 提出，批评话语分析就是立场明晰、观点不随波逐流，并试图解释、揭示并最终抵制社会不平等。批评话语分析是主要研究社会权利错用、权利支配以及权利的不平等。

三、话语性质的判断参数

话语分析和语用研究这两个领域之间的分界线本来就不是很清楚的，话语分析家并不认为自己的工作是完全游离在语用研究的范围之外的。许多话语分析的专著中均有对会话分析的专门论述，这表明会话分析是话语分析的重要部分，而会话分析同时也是语用分析的重要手段。话语性质的判断可着眼于以下几个方面。

学科属性之类同。话语分析源于哲学、社会学、语言学以及文学理论，并在人类学、传播学、教育学以及心理学等学科中也迅疾发展并作为研究方法而广泛应用，当下的话语分析既被应用于多种学科，又同时是一种跨学科的学科。话语分析既是研究领域，又可以作为分析方法。作为分析方法，尽管话语分析研究的目标并非言语交际本身，但在语用学中亦得到运用。可以说，批评话语分析属于广义的语用学范畴。

与话语分析一样，会话分析不仅是一个研究的领域，也是一种分析方法。语用学研究会话结构的目的是要通过探索自然会话的顺序结构来揭示会话构成的规律，解释会话的连贯性。何兆熊认为，对会话结构的分析很难说是属于哪一家的专门领域。然而，笔者所见与之相悖。根据前篇就话语类型的分析而断，会话分析仅为话语分析的偏枝末节，并非其重要研究对象。较之于语用学的关系，相比更近。源于哲学的语用学最初对语言意义的探索便始于日常语言——会话。Grice 关于意义的论文《逻辑与会话》，分析的是会话中的含义以及会话原则；Searle 对言语行为的研究同样开启于日常会话语用。] 可见，对会话的研究是语用学之本。正如 Thomas 对语用学的定义为“言谈互动中的意义”一样，语用学是建立在会话分析之上的学科。会话分析是语用学的重要领域，甚至可以说是最重要的领域……语用学研究者如果不搞会话分析，就像盖大楼不打地基，会最终失去立足之本。笔者认为，会话分析是一种研究框架，可以为话语分析所用，也可用以语用分析，但基于会话分析与语用学的渊源。

因此，话语分析也好，会话分析也罢，均与语用学关系密切，既是研究领域，又是分析方法。

人与人以及人与社会。会话分析旨在研究人与人之间的关系，而“话语分析的主要任务应该是研究话语与现实之间的关系”。话语不仅折射、并同时建构社会现实和社会关系。话语的本质具有社会功能性。因此，话语研究往往通过对语言形式和语境的分析去挖掘话语中所蕴含的规则、策略、目的。话语分析主要为“揭露、解析并反思个人、机构、社会或文化的问题和矛盾”，其目的是“要关注、揭示、反思或评价那些借助语言所构建的或与语言使用相关的实际发生的，特别是那些具有现实社会文化意义的事件，甚至寻求创造新的演说方式”。

描述性的 CA 和解释性的 CDA。会话分析在 20 世纪 70 年代以前主要拘泥于会话框架的研究，因此无疑主要以会话架构描述为主，属于描述性研究。到了 20 世纪 90 年代初，对会话的语用研究从静态描述发展为动态研究，开始对交际动态过程及交际双方语言使用的内在动机进行关注。坚实的语用学理论应该能够为人们的语言选择提供解释；应具有解释性的力量。会话分析研究的重点是语言的意义，批评话语分析力图“描述语篇、诠释语篇与互动的关系、解释互动与社会语境的关系”揭示话语的内在原因。后者的研究对象也好、研究目的也好，无不表明话语分析的解释性，而非描述性。

研究方法之对比。

归纳法与分析法。会话分析是由一群社会学家 Sacks、Schegloff、Jefferson 等民族方法论者在 20 世纪 60 年代末到 70 年代初开创的。民族志研究民族即社会成员自身产生和理解社会交互作用的各种方法。在研究中，他们用录音和记录等手段收集大量的自然会话语料。会话分析往往没有预设的理论框架，是一种实证的研究方法。会话分析是通过对大量的自然会话材料的分析而发现会话范式，实质上是一种归纳法 (inductive)。而话语分析首先需要确定话语的类型，再运用语言学、修辞格、民俗学等学科中的概念、方法对所选材料进行功能性的分析。至于话语类型的确定，还需要凭借直觉、知识的积累以及理论经验，而在会话分析中，“研究者利用自己的常识来理解所要分析的会话片断”。归根结底，会话分析属于描述性的研究，话语分析则注重分析现象中的原因。

共有参数以及不同的关注点。“对于‘话语’一词，不同学术背景的人有不同的理解。但我们认为，其基本的着眼点和研究要求应该是明确地、系统地对待人类自然语言符号的使用及其与语境的关系。”语用学关注的是“说话人等交际主体如何根据语境条件去使用语言，传递字面意义以外的语境信息或语境意义，以及听话人如何根据语境条件去获取说话人希望传递的交际信息”。会话本身构建了“即时语境 (context of situation)”，在会话互动中为传递以及获取信息不可避免地需诉诸“文化语境 (context of culture)”。显见，语境于话语分析和会话分析，均是重要的研究路径和意义构建的重要参数。

20 世纪 60 年代后期，人们已开始研究会话的结构模式、语序、邻近语对、话步、插入语列、角色关系……，长期以来人们惯于用会话分析来概括此类研究。会话分析的重点在于其过程的结构、框架。然而，话语分析“一般通过用词、句法、言语行为、篇章或会话结构、叙事体、论辩和解释结构、修辞 (如比喻、讽刺) 等”手段进行。话语分析者一般认为，话语者受社会状况的影响，通过语言符号的使用直接或间接地表达自己的关注点、价值观、视角、对某事物的认识、看法、立场、目的、与他人的社会关系，排除、排斥或诋毁其他人不同的话语，并获得一定的社会效果等等。这与 Gee 所提出的话语分析的“七件事”异曲同工。可见，批评话语分析与社会、社会关系有关，从此便与政治有关、与意识形态有关。Van Dijk 提出，批评话语分析着重于社会问题和政治事件研究，尤其是话语结构演绎、巩固、(在法律上) 认可、再现或质疑社会上权利和统治的关系。从而，批评话语便与政治、文化如影随形，不再染指日常语言。

会话分析与批评话语分析之间最为显著的差异，莫过于两者的关注点。会话分析是话语分析的一种，只言会话；批评话语分析亦是话语分析的一种，但它与权力、社会、文化、意识形态、历史关系密切，在批评话语分析中，话语是一种社会行为。

研究路径之别。正如两者的学科所属的局部重合性，他们在很多方面具有相似性。会话、访谈等言谈是一种口头交际，涉及多个参与者的互动式交际……长期以来会话已成为语用学、话语分析的主要对象之一 4。话语分析也好，会话分析也罢，会话、访谈等言语交际均为其主要的研究目标和研究路径。显然，会话形式是会话分析的唯一研究路径，而对于话语分析而言，会话则仅为路径的一项。施旭总结了话语分析的研究方法为：“手机文献、访谈资料，观察分析历史和文化语境，分析谁 (不) 在说话，(没) 说什么，如何说的，运用了什么样的媒介，在什么情况下说的，为什么这样说而不那样说，别人如何说等等。” 话语分析较之于会话分析，不仅限于人与人的互动，更是人与社会的互动。

三、话语的本质究源

相异于形，必相异于质。苏格拉底认为不论在生命的哪一部分，我们都必须尽可能地去超越错误的肤浅表象 (appearance)，掌握真正潜藏的实在 (reality)。这就是哲学存在的意义。任何两项相近的事物都有着各自的内质，我们需要透过外表，追寻本质。

主观客观之异。会话分析旨在对于话论转换 (turn-taking)、话权 (floor) 保持等会话现象的描述，借以揭示会话双方 (或多方) 的人际关系。话论转换是一种社会行为，按照某一社会群体成员认定为惯例的局部管理体系 (local management system) 进行。话论转换、话权失衡则会打破会话惯例。将会话进行客观描述是揭示、解释交际互动双方关系的重要依照，会话分析的客观性是其存在之根本。

每一种历史现象都是多方面的，可以从不同的观点对它进行研究，它从不同的角度来看都是有意义的，每个解释者可以选择一种能使他获得他感兴趣的信念的角度。人们对历史现象的兴趣于何，便会从何入手进行研究。因此，话语从来不是客观的话语，它生而具有主观性。无论话语分析者从何兴趣点探究话语、分析话语，价值观也好，社会意识形态也好，均无法脱离研究者的知识储备以及个人对社会甚至是历史的体验而对目标话语进行判断——这便是批评话语分析的内在特质。

哲学本质之异。

关注本体的会话分析。“揭示活动是在世的一种存在方式。世内存在者成为被揭示的东西，自主第二位意义上才是‘真的’，亦即进行揭示的，乃是此在。” 语用学聚焦于“语言互动中的意义”，无论诉诸语境还是交际的协商性互动，探寻内在的意义所在才是语用学的目标——话语下的真正意义是什么？真正的会话意图潜在于听起来并非表达该意图的话语中。该话语仍然为真正的会话意图的住所。语用学仍然在揭示第二位的“真的”存在，因此，是一种本体论 (ontology) 研究。

会话分析，作为语用学的基本研攻框架，同样解析人际互动的意义。进一步来说，根据前文所述，会话分析以一种基于大量自然话语来推导会话结构的框架，以对结构的描述为主，并非植入任何预设的理论，实为一种对事物存在——即“是什么”的探知。

基于认识论的话语分析。认识论就字义而言意味着对知识的研究。认识论研究主体如何认识事物、主体认知的界限何在、知识具有哪种确定性或不确定性。语言是人类特有的现象，哲学发展的语言转向意味着对人和人类社会的关注。话语不仅是通向社会世界的途径，也是社会世界的组成部分。通过对话语的分析，我们了解社会。然而，“我们研究话语如何建构现象，而不是话语如何反映现象”。施旭也认为，话语分析是不是对社会现象的描述，而是对社会事件的认识。可见，话语分析的重点不是关心某话语的本体是什么。与会话分析相悖，话语的本体并非话语分析的终结。

①笛卡尔的怀疑方法。在哲学上开始提出新认识论的哲学家是笛卡尔。笛卡尔认为：“和我认为显然是错误的东西一样，对于那些不是完全确定无疑的东西也应该不要轻易相信，因此只要我在那些东西里找到哪管是一点点可疑的东西就足以使我把他们全部都抛弃掉。”他的这种思想基调体现在他的著作中：“他生平著作的基调是彻底扬弃一般公认的看法、确证的理论和古人的权威，形成一个完全个人注意式的坚持，只接受他自己理性能够证明是正确的真理。”这正是笛卡尔认识论的基础——对权威、前人、已确立理论、观点的怀疑。

②批评话语分析的怀疑本性。认识完结于不断的反驳、反驳之前的反驳。笛卡尔的“怀疑”方法推动了认识论的转向。其根本规则是：“不要接受任何我没有清楚认知的事实为真。”这亦是批评话语分析的宗旨所在。批评话语分析正是在对话语的挖掘与剖析中，开启对目标话语的怀疑和批判——这是其本性。认识论要确定哪些东西是我们能认识的，我们是怎样认识这些东西的……通过对人类怎样认识世界来确定什么东西存在。这便是批判话语分析的工作目标：谁在说话？说些什么？

批评话语分析的怀疑、批评的方法正是认识论方法，人类以此不断批评存在、反驳谬误、更正认知，在“反驳、再反驳”的过程中不断认识社会，进而重新构建社会。这便是批评话语分析的哲学本质。

话语并非单指会话话语，而是集会话、语篇、社会话语等多种形态的话语集合。批评话语分析是从“批判”、“批评”的立场揭示话语和权利、意识形态、价值观等的关系，从而解构社会体制，批评的重点是社会上的不平等现象以及权力关系和意识形态在语篇中的体现方式，与会话分析有诸多不同。其中，最为内在的不同在于两者的主客观性和哲学基点的错落分成。本节从外形至内质，从学科分属至研究路径，对批评话语分析与会话分析进行了综观地的比较，以期为话语分析研究者和学习者提供参考。

第三节　定型观念表达形式及其作用的会话分析

会话分析源起于 20 世纪 70 年代，它的研究范围涉及旨在完成交际任务、解决问题的会话程序和进程、基础会话结构及会话单元等方面，近年来也有效采纳了人类学的阐释方法，成为一门吸收了互动交际学、语用学、社会学、民俗方法学等学科理论基础的独立语言学分支领域。在几乎所有交际语境中，人们因为社会因素和心理认知的影响，都在不自主地建立新的定型或使用旧的定型，而这些都体现在语言层面上。本节选取笔者录制的三个真实发生的日常交流语境为语料，将会话分析的方法与交际中的定型观念这一研究对象相结合，在完成语料收集及转写过程之后，从会话分析的视角对转写后的文本进行科学的统计、描述和分析。通过研究表明，定型观念的语言表达形式可传递信息、表达情感色彩、反映社会现实。从语用学角度来看，根据不同语境对定型观念起到加强、削弱、强调、模糊化、对比等作用。每种语言形式的内部，在超句结构的层面上都蕴含着一个定型观念演变的过程，语言形式外壳与定型内部之间存在互相依存、相互构建的动态关系。

“话语分析”（[英]discouse analysis）这一术语是由美国语言学家哈里斯 1952 年首先使用的。自此之后，它成为专业的语言学术语并被广泛使用。语言学界普遍认为，话语分析是从 20 世纪 60 年代中期开始成为一个独立的研究领域的。70 年代起，美国社会学家萨克斯（H.Sacks）、谢格洛夫（Schegloff）、杰斐逊（G.Jefferson）开创了会话分析（[英] conversational analysis），开始了对日常交际言语和情境的序列性分析，试图从中找出一些语言层面的规律。话语分析语言学很快便采用了这种研究方法，对真实发生的日常谈话进行研究。会话分析的出现体现了语言研究从词、句分析到篇章层面分析的转向。篇章语用学理论的提出者钱敏汝认为，篇章与话语没有概念上的区分，篇章作为人类语言的一切使用形式，是一种有结构、有意图的符号编码和解码创造活动。由此可见，如何按照一定的规则、在不同的语境中理解和输出话语，编码和解码话语模式等等都应成为会话分析研究不同的方面。话语分析学者对话语进行了多层面、多维度、多视角的观察，总而言之是对交际过程意义传递的动态分析。

“定型观念”（[英]stereotype）在以往的研究中常被译为刻板印象，其研究多以对他者的刻板印象和以偏概全的负面评价为研究对象并进行静态描写，尤其是国内的定型观念研究多从静态角度出发，忽视了定型观念本身所涵盖的意义和建构过程中的动态性，导致了语言与文化产生了一定程度的剥离，因此本节选取“定型观念”这一较为中性色彩的译法依法。定型观念在会话进程中的动态进程研究没有得到足够重视。在对定型观念进行语言学研究时，应对其表述形式的动态结构及其规律性给予足够关注，而这恰是会话分析的关注点。笔者将在本论文中采取会话分析的视角。主要的研究对象是日常会话中的定型观念。在几乎所有交际语境中，人们因为社会因素和心理认知的影响，都在不自主地建立新的定型或使用旧的定型，而这些都体现在语言层面上。本节的研究问题是，在本节所选取的语料中，定型观念存在于哪些语言结构和形式中？如何用会话分析的方法对之进行质性分析？这些定型观念的语言表达形式分别在交流中起到何种作用？

本节共分为五个部分：第一部分为引言，首先介绍了话语分析和会话分析的起源以及简要的研究现状，和本论文所要解决的问题以及研究方法；第二部分介绍论文的研究方法和过程，本节选取会话分析的方法，所选语料为笔者录制的三个真实发生的日常交流语境，会话参与者分别为专业为日耳曼学的中国人和专业为汉学的德国人；第三部分是分析部分，分别从话轮转换机制、会话的序列结构、会话修正等三个方面对转写文本进行分析，揭示日常会话中定型观念是如何表现在语言超句层面的，以及它如何在会话过程中传递意义，实现不同的交际功能；第四部分总结了第三部分的研究成果并对该研究课题提出展望。

二、研究方法及过程

方法论：会话分析。会话分析学派对于从语言学角度进行的口语会话研究发挥了积极的促进作用。研究方法上，会话分析使用对音频语料、视频语料进行实证分析的方法，即关注社会场景中真实的讲话者的语言。会话分析遵循经验性的研究方法，基于真实会话场景的自然会话为语料。会话分析是指把社会成员在日常交际过程中以建立和保证社会秩序为目的进行的社会交际看作一个不断发展的过程进行研究，认为社会现实不断在交际行为中得以构建，社会行为人借助语言和非语言的各种形式，分析行为的场景、解读对方的表达、使自己的表达符合场景因素、易于对方理解、有助于实现目的，并且与对方的行为相互协调。因此，研究会话的最终目的是确定在社会交际过程中能够使交际顺利进行的行为的构建原则和系统。

因此，笔者决定用实证方式，对语言数据进行分析和评价，来研究定型观念的语言表达形式，进而分析这些语言外壳和内部认知的关联。具体来讲，以会话为具体研究目标，从会话的不同层面，即话论转换、序列结构和会话修复等。

语料选取及操作过程。研究使用的会话语选取笔者录制的三个真实发生的日常交流语境，会话参与者分别为中国人和专业为中文的德国人，对话用德语进行，为方便理解在转写时使用了中文。第一和第二个对话是在北京大学的两位德国留学生分别和中国学生的对话，主要讲述她的留学生活；第三个对话是在德国留学的中国学生与一位德国学生关于讨论两国教育体制的对话。本论文由于篇幅所限，只选取了三个对话中的 4 个对话较为顺畅、几乎没有语言障碍的片段进行转写。参与会话录制的中国人均是德语专业，德语水平非常高，以保障会话可以用德语顺利进行。

会话分析的方法有以下步骤。在选定语料的基础上，要将语料从录音形式进行转写。由于会话中所说的内容、事件次序、非语言行为和表达细节都起着重要作用，我们需要把会话的时间动态进程详细地记录下来，普遍采用的是转写技术，是指按照特定的记录规则，对听觉和视觉的会话记录进行书面化。第一步必须先确定转写规则，笔者采用了目前德国广泛使用的 GAT 转写规则；第二步，在转写规则确定以后，进行人工手动转写。人工手动转写过程包括，确定一套转写规则、实施人工手动转写；第三步进行校对。

研究对象。本节的研究对象是会话中的定型观念。本节选取的语料在口语交际中，定型观念几乎是不可避免的。因此从会话分析的视角研究定型观念在语言层面的表现形式对于跨文化交流中的定型研究具有重要意义，因为定型在交际中的使用受到说话者不同文化视角及语用习惯的影响。在会话中出现的定型观念需要与“偏见”、“歧视”等相邻概念有所区分，是指对一种对社会现象的阐释、一种整合的知识结构或是对话中起到一定概括作用的言语行为甚至是对某一事物的看法，是一个中性色彩的概念（Redder，1995：331）。定型观念可以被看作是一种认知形式的模式，它描述的不是特例，而是人类感知和信息加工的普遍情况，因此其产生是以人们对外界的感知为基础的。之后，人们在感知的过程中借助自动选择和普遍化的方式来简化被感知的外部世界，在把对其他群体的具体认知抽象成一些特征性的描述之后就出现了定型观念。

本论文以会话中的定型观念为研究对象，因此必须对定型观念在语言层面的表达形式进行总结，它们构成了分析定型观念的第一步，即根据这些分类标准，提取出语料库中和定型观念有关的片段。第一类定型观念的外在表达形式是分类化，涉及 20 世纪 70 年代 Sacks 创立的成员类别分析理论，认为进入社会互动情境中的交际者往往拥有多种社会身份，即同一个人可归属于不同的社会身份类别。交际者如何选择社会身份类别可由其话语身份反映出来，话语身份指交际者在对话的某个具体时点上表现出的成员分类状态，比如提问者和回答者、陈述者和倾听者，话语身份会随着交际者的话轮交替而变换。分类是进行定型观念分析的重要语言表达形式，也是辨别一段互动涉及定型观念构建的语言表象基础；第二类定型观念的外在表达形式是特征归因化，归因化是以某种方式呈现文化特征和行为的方式，是针对典型的特征和行为构成各自的社会或文化范畴。常见的特征化和归因化涉及特征描述、行为方式描述；第三类定型观念的外在表达形式是评价，评价是将与分类相关的态度以及相关的群体特定特征和行为以某种方式呈现出来，具有明显的评价和感情色彩。语料中出现的和定型观念有关的段落，几乎都出现了对自己和对对方的评价，也是辨别一段互动涉及定型观念构建的语言表象基础。

三、定型观念的语言表达形式及其作用

笔者在完成语料收集及转写过程之后，开始用会话分析的方法对转写后的文本进行科学的统计、描述和分析。笔者将在论文该部分中首先选取一些话语段落，分别从话轮转换机制、会话的序列结构、会话修正等三个方面进行分析，描述其形式和意义。

话轮转换。萨克斯等人首先提出话论的概念。他们认为，人们日常会话的基本结构单位是话轮，话轮转换系统对一切会话来说都存在，并且是一个基本的言语转换机制。话轮是指在会话过程中，说话者在任意时间内连续说的话语，其结尾以说话者和听话者的角色互换或各方的沉默等放弃话轮信号为标志，单词、短语、从句、句子、句子组合等都可以作为话轮

转写片段 1

1 P：嗯 (--) 我觉得 (0.2) 这跟北京人太多了绝对有关系 (.)

2 Z：是啊 . 到处 (.)/ 不管哪儿都是人 /

3 P：/ 真的是到处 /(0.4)

4 就比如说在食堂吧 (--) 中午的时候 (-) 永远是满的↓

5 而且真的有人会摔倒 (--) 我在奥地利

6/ 还从来没遇过这种情况 /

7 Z：/ 嗯 (.) 我也没有 /

8-9 P+Z：/(共同低声笑)/

10 P：(-) 另一方面我认为 (.) 这也是为什么人们想

11 突出自己 (-) 显得有个性一些

12 比如说从穿衣服上就能看出来 (0.4) 我的意思是 (--)

13 在中国人们穿的衣服各式各样 (-) 比奥地利多很多

14 Z：是呀 (--) 这一点我也发现了 (--)

15 在奥地利感觉每个人都穿得差不多

16 P：嗯 (.) 在中国有些人就会穿得很特别 (.) 很有个性

在上述会话中，主要出现了三种话轮转换模式，并分别表现了来自不同文化的两个人在交谈过程中共同建构一个定型观念的动态过程。第一种是无间断的话轮转换，体现为说话者和听话者较为顺畅的沟通，在本例中，1-2 和 15-16 均是此种模式，体现了会话双方对于同一个问题有共同的经历，从语用角度讲强调了说话者描述的现象的可信度。第二种话轮转换模式是重叠机制，2-3 和 6-7 均是重叠，在上下文中体现了双方对对方的认同，创造了共同构建一个定型性描述的会话语境，反映了会话双方在互动中动态交流的模式。第三种出现的话轮转换模式是自发开始新的话轮，如第 10 秒钟，体现了会话参与者对谈话话题的兴趣。总之，以上三种模式都是会话双方积极参与会话的信号，从会话各方关系的角度来看，它的作用是很大的。说话者所表达的意见被听话者接受，会话顺利进行下去。与此同时，定型观念也在超句单位中被建立起来，体现了连贯性和互动性。

转写片段 2

1 Z：如果让你比较一下 (-) 中国和奥地利的文化 (-)

2 有哪些不同点让你觉得印象深刻呢↑

3 S：(0.5) 这个问题很难讲

4 我觉得不能这样简单概括 (0.5)

5 Z：为何这样感觉？

6(0.6) 一定要说的话 (.) 可能是

7 两国人对待历史的态度算是一种文化差异吧

在这段对话中，出现了另外一种较为常见的话轮转换模式，即有较长停顿的话轮转换。在此例中可以看出，听话者在回答关于两国文化差异的问题时，有较长时间的停顿和思考。因为概括文化差异很容易造成刻板印象，如若造成这种情况，则是定型观念的负面影响，容易造成误解。由此可以看出，此听话者具有较高的跨文化敏感度，对于可能造成的负面定型观念非常谨慎，用模糊化的方法，避免了定型导致的偏见。

序列结构。序列结构也是会话分析的重要环节。话语的序列结构主要有相邻对、相邻对的扩展、互解和优先结构（于国栋，2008：87）。通过以下例子，笔者将分析定型观念的表达与句子序列结构的关系。

转写片段 3

1 Y：你觉得德国这边大学课程的内容和组织设置怎么样↑

2 M：你说的组织设置 (--) 具体是指什么呢↑

4 Y：就是学校课程组织、安排一类是否合理

5 对了 (.) 你是学什么的↑

6 M：我专业是医药和企业管理

7 Y：嗯 (-) 你觉得这两个专业怎么样↑

8 M：组织的话 (.) 我觉得企业管理的安排还是非常合理的

9 内容的话稍微有一点无聊↓

10 Y：那医药专业怎么样啊↑

11 M：这个专业组织上有点乱 xxx(.) 经常调课

12 不过我还是对课程内容很感兴趣

在上述会话中，主要出现了相邻对和相邻对的扩展两种基本的序列结构。相邻对一种常见的形式就是问与答。说话者向听话者提出问题，听话者利用问题的语言形式发表自己的看法，带有不可避免的主观色彩。另外一种序列结构是相邻对的扩展，指在相邻对中插入了新的话语，2-3 和 5-6 均为这种情况。发生扩展的原因，是因为说话者想更加具体而全面地了解某个问题，这样才能对听话者给予的主观性回答有更具体的认识，而不是以偏概全。这种方式的目的在于阐释需要进一步说明的问题，帮助会话参与者更好地理解彼此，达到交际目的。

会话修正。会话修正模式最早也是由萨克斯等人提出。对修正结构的分析主要从修正结构组成和参与的人入手，分为自我引导的自我修正、自我发起的他人修正、他人引导的自我修正和他人发起的他人修正（Gülich/Mondada，2008：59-72）。

转写片段 4

1 C：你说的这点我蛮感兴趣的 (-) 你刚才说到教育体制 (--)

2 你为什么觉得在奥地利学生有更好的教育条件↑

3 M：这是显而易见的啊↑

4 C：/ 啊 xxx/

5 M：/ 我 / 真这样觉得

6 C：为什么啊 (.) 我觉得这是一种偏见

7 M：< 众所周知中国以前的教育环境真的极差 p>(0.3)

8 三十年前才开始改革教育嘛

9 C：可是现在的情况已经完全不一样了

10 M：嗯 (.) 是这样没错

11 C：我认为中国现在的教育环境各方面还是不错的

12 M：你别误会 (-) 我的意思只是↓

13 当然现在的情况已经好很多了 (.) 取得了很多进步

14 我也认为现在很多中国大学的教育环境和条件挺好

在上述会话中，会话参与的双方共同通过修正结构避免了交际冲突的发生。所节选的会话段落的开始部分，是一个典型的定型引发的偏见描述，即认为本国家的教育体制要优于对方国家，这种描述很容易引起听话者的不满。7-8 是说话者自我发起的自我修正，尝试对于他刚才说出的定型观念加以解释，试图削弱以上话语的偏见性，而是叙述事实，中国的教育改革实行时间尚短，存在一些问题也是很正常的。给出这种解释之后，使得之前的表述更易让听话者情感上接受。10 以及 12-14 修正结构继续进行，说话者尝试从听话者角度出发，客观描述问题，它的功能是为了保全交际双方的面子，使得交流能够继续进行而不致引发尴尬。从这个例子可以看出，修正结构对定型观念表达在程度上有模糊化和削弱作用。在跨文化交际中，会话参与者要从语言及文化角度全方位理解对方，考虑社会因素，避免对本群体的过度夸赞和对他群体的过度贬低，才能使跨文化交际更有成效。因此，我们必须要培养描述与评价相区别的意识和观点的多元意识。

布朗和尤尔认为，话语分析是对使用中的语言的分析，它不仅仅是描述语言形式，发现语言结构上的特征，更重要的是探索语言在使用中的功能，话语是用于交际以完成社会行为的，话语分析强调话语的交际功能研究。总之，本论文从话语分析视角对转写后的文本进行分析，得出以下结论：

首先，对“定型”这一社会学概念进行语言结构和形式的分析时，会话分析的方法是行之有效的结合点。进行会话分析的前提条件，必须先将真实发生的语料从录音形式进行解码转写，在转写规则确定以后，进行人工手动转写。人工手动转写过程包括，确定一套转写规则、实施人工手动转写、最后进行校对。与软件转写相比，这一过程更加烦琐，但是对于本节的研究问题更有针对性。本论文表明，这是研究日常交际定型观念的表达形式的有效方法。

其次，具体来说，本节从话轮转换、话序列结构和修正结构对定型观念的语言表达形式进行了描述和概括。在此基础之上，本节继而发掘这些语言形式在交流中所发挥的交际作用。不同种类的表达形式对于定型的形成所发挥的作用并不同等显著，本节将每类语言表达形式的作用分别分析并列举。通过研究表明，定型现象的语言表达形式可传递信息、表达情感色彩、反映社会现实。也可作为对话策略，从语用学角度来看，根据不同语境对定型观念起到加强、削弱、强调、模糊化、对比等作用。每种语言形式的内部，在超句结构的层面上都蕴含着一个定型观念演变的过程，语言形式外壳与定型内部之间存在互相依存、相互构建的动态关系，体现身份认同、认知等社会因素及心理过程的影响，并同时反作用于定型观念的形成与演变。

本节在撰写过程中，由于篇幅及时间的限制，文中观点及实证分析也存在一定的局限性。笔者仅选取了三个日常对话中的四个转写语段进行分析，语料范围所限并不能概括出自成体系的规律性结论，层面较为单一。本课题可以在更大范围语料内进行多层面、多模式的分析，还可选取视频语料进行多模态会话研究。

转写规则：

/.../ 重叠

(.) 短暂的停顿

(--) 较长的犹豫

(2.3) 停顿 2.3 秒

xxx 无法理解的音节

↑上升语调

↓下降语调

abc 重音音节

<p> 声音较轻

: 延长音

第四节　医患沟通障碍的会话分析研究

医患沟通是医患双方针对患者的健康问题进行的信息互动交流，它是医疗机构性任务完成的基础，是改善医患关系的重要途径。医患互动实践中，沟通障碍的存在会严重影响双方的和谐关系。本节以医患会话的真实语料为基础，以会话分析为理论框架，在考察门诊医患沟通障碍的表现形式之后，分析障碍存在的原因，并提出相应的对策，以达到提高医疗服务质量和改善医患关系的目的。

医患沟通是指医患双方在医疗活动中围绕患者的健康问题进行的不断深化的信息交流。交流的内容既包括疾病和诊治，也包括双方的思想、情感、愿望和要求等。医患沟通是医患之间各种联系和一切诊疗活动的基础，是改善医患关系的重要途径。医患沟通障碍是指医患双方在交流意见和传递信息时存在的困难。医患交际中沟通障碍普遍存在，这严重影响了双方信息的交流以及患者对医生的满意度和信任度。

学界对医患沟通障碍的研究比较关注，学者们从医学、现象学、心理学、社会心理学等不同学科视角探讨了影响医患沟通的障碍因素，如医患关系物化、诚信危机、人文关怀缺失、信息不对称、医疗体制缺陷、医生工作任务繁重等，并提出了相应的沟通技巧或建议性措施；也有个别学者从语言学角度对该问题进行考察，例如杨辰枝子、傅榕庚对中医门诊中的医患沟通障碍作了分析。总体来讲，国内研究虽取得了一定的成就，但还不够全面深入，尤其缺乏基于医患沟通一手语料的调查分析。因此，本节以医患实地会话语料为基础，在展示医患互动真实过程和细节特征的前提下，运用会话分析理论，尝试具体分析医患交际过程中的障碍问题，并据此提出相应的建议性措施，以促进医患互动的实践，改善医患关系，提高医疗服务质量和患者的满意度。

本节语料源自某县城三所医院的医患实地会话录音，共涉及儿科、内科、神经科、皮肤科等多个科室。运用 Heritage and Clayman 的转写符号系统转写后，随机抽取其中 60 个医患会话语料作为研究样本。

一、医患沟通障碍的表现形式

医院门诊中，患者来访任务的完成主要依靠医患双方针对患者疾病信息的快速有效沟通。但在医患互动实践中，沟通障碍的存在严重影响了双方的互动交流。医患沟通障碍的表现形式很多，我们以会话分析为理论视角，通过对 60 个医患语料的观察发现，医患的沉默、医生的打断、会话过程不顺畅是医患沟通障碍的显著体现形式。

医患的沉默。发现患者的疾病原因、帮助患者恢复健康是医患会话的主要机构性任务，该机构性任务的完成依靠医生和患者的有效话语互动。但在互动实践中，医生和患者有时会选择无话语的沉默。沉默是人们在言语交际中以时间的控制来传递信息的一种手段，是人类运用的一种高级策略转换方式。会话中的沉默不等于说话者意志的消失或缺省，而是说话者有意识或潜意识地运用沉默这一手段传递更为丰富的思想内涵。因此，沉默话语内涵的丰富性使会话变得更为复杂。医患会话中的话轮沉默能实现多种语用功能，如说话者拒绝态度的表达、不满情绪的流露、互动交流的逃避等。如果医生使用沉默回应患者的话语，或者医生不仔细揣摩患者的表达意图、无视患者的沉默，那么沉默就成了双方互动交际的障碍，就会降低患者对此次来访的满意度和对医生的信任度，严重影响医患之间的和谐社会关系。例如：

(1)(背景：50 多岁女性胃病患者就医)

患者：对了，我这是舌头总是麻，你开这药治不治?

医生：((沉默写处方)) ①

患者：也不知道从什么时候开始的，经常麻，(.) 这是咋回事?

医生：((沉默写处方))

患者：开这药：是不是就能治这麻?

医生：回去先吃吃再说，好吧?

例 (1) 中，医患会话过程处于治疗建议协商阶段的尾声，医生在开处方，这意味着会话即将结束。患者抓住这样的机会，补充疾病症状的更多细节，并就治疗建议向医生进行询问。但医生只是忙于写处方，用沉默对患者的问话进行回应，没有理会患者的问题，或者无视患者问题的话题议程，强行结束会话。此时，医生的沉默不仅影响了信息的交流传递，影响了医生在患者心中的良好形象，而且严重伤害了患者的心理，不利于患者疾病的恢复和医患双方良好关系的建立。

医生的打断。何兆熊认为，会话的一个显著特点是说话人的轮换，即参与会话的人在整个会话过程中轮流说话。医患会话机构性任务的完成是通过双方话语的交际互动来实现的。一般情况下，参与会话的人会在话语可能结束之处进行话轮转换，这是一种自然的话轮转换。医患会话中不自然的话轮转换普遍存在，即医生通过打断强行转换话轮。打断不仅使患者的话语不能得到充分表达，而且会使患者认为自己的话语交际是啰唆的、医生的情绪是不耐烦的，从而影响医患双方的交际。因此，医生的打断成了双方沟通的障碍。例如：

(2)(背景：50 多岁女性头晕患者就医)

医生：没做过啥检查吧?

患者：嗯：：，因为我这头可是检查了 ((被打断))

医生：最近检查了没有?

患者：我到郑州，没那前段 ((被打断))

医生：不说了，不说了。

患者：他给我开那 ((打断))

医生：最近检查过没有?

患者：没有，韩大夫看哩，开点我吃吃 ((被打断))

医生：不说别理哦，最近没检查过吧?

例 (2) 中，医患会话处于病史询问阶段，医生在该阶段的主要任务是通过设计问句获取关于患者疾病的有效信息。此例中，医生首先设计了一个是非问句“没做过啥检查吧？”希望得到患者关于检查的肯定或否定回答，并且希望得到优选的否定回答。但是，患者没有按照该是非问句限定的议程行事，而是尝试在获取话轮后展开陈述，详细告知自己的求医经历。于是医生打断了他的话语，强制性获取话轮，重新询问患者最近是否检查过。然而，患者没有进行肯定或否定回答，仍然尝试展开陈述。医生继续采用打断的方式结束患者的话轮，如此反复多次。此例中，医生为快速获取关于患者疾病的有效信息，用是非问句限制患者的回答，而且还有特定的优选回应。这与患者强烈陈述既往病史的欲望相冲突，于是医生反复打断患者。医生的打断阻碍了患者的表达，阻断了信息的交流，不利于双方的有效互动。

会话过程的不顺畅。美国社会学家 Erving Goffman 认为，社会互动是社会组织的外在表现形式，它像家庭、教育、宗教等机构一样有明显的机构顺序，也叫互动秩序。互动秩序是社会行为和互动真实社会过程的再现。机构性话语的任务取向性特征决定了整体结构有特定的规则和秩序。医患会话是一种特殊的机构性会话，它有自己独特的互动秩序和互动结构。何兆熊指出，对会话整体结构的研究就是考察一个完整的会话过程是怎样构成的，即会话怎样开始、怎样结束，期间又怎样进行。

医患会话过程以医生的打招呼询问为起点，以诊断结束后的告别为终点，这中间的所有话语都是医患互动过程中的会话。医患会话的整体结构可分为六个阶段：开头、病情陈述、数据搜集 (病史询问、身体检查)、诊断、治疗建议和结束。这六个阶段的重要性不同，阶段性特征也不同。一般情况下，医患会话过程大致按照这样的互动顺序进行。但如果医患沟通存在障碍，互动过程就会表现出不顺畅的特征。不顺畅的一个突出表现就是会话过程的推进与延缓之间的矛盾冲突，即会话从一个阶段向另一个阶段推进的时候，一方阻止过程的推进或延缓过程的进展。例如：

(3)(背景：15 岁男性发烧患者就医)

医生：开点药吃吃?

家属：他是什么病？

医生：感冒了。

家属：还是感冒了？

医生：吃点中药，吃点西药哩？

家属：((沉默 4 秒)) 星期二就发烧 =

医生：= 胃里没事儿吧？

家属：他就不吃饭。

例 (3) 中，医生和患者家属就治疗建议的推进过程产生了冲突，这导致了会话过程的不顺畅。医生征求患者的意见，把会话推向治疗建议阶段。患者家属并没有就医生的是非问句进行肯定或否定回答，而是询问患者的疾病类型，这说明患者家属对上一阶段的诊断结论不太满意，担心医生因漏掉某些细节而误诊。因此，患者尝试阻止过程的推进，使会话继续停留在诊断阶段，希望得到医生对诊断更多的解释和说明。但医生没有理会患者家属的意见，继续把会话过程推向治疗建议阶段，并用选择问句询问患者的意见。患者家属依然阻止过程的推进，补充更多疾病症状的细节。此时，医生没有向患者家属就诊断结论做出解释，而是继续强行推进会话过程。“胃里没事儿吧？”这个句子属于是非问句，它有一个优选的肯定回答。患者并没有选择优选答案，而是进行了否定回答。这说明患者和医生之间的会话十分不顺畅。通过对语料的观察发现，医患会话在病情陈述、病史询问、诊断和治疗建议等过程的推进中，都会有医患会话冲突产生的不顺畅表现。

二、医患沟通障碍的原因

医患沟通障碍是由医疗体制、心理因素、专业知识等多种因素导致的。我们以会话分析为理论视角，在对医患语料进行观察的基础上发现，医生解释的缺失、患者沟通技巧的缺乏和以医生为主导的治疗风格是导致医患沟通障碍的主要原因。

医生解释的缺失。医生和患者在医学专业知识拥有方面是不平衡的，患者来访目的就是希望医生凭借专业知识发现疾病原因并达到康复目的。对互动信息掌握数量的不平衡增加了患者对医生话语理解的难度，尤其在医患会话的诊断和治疗建议阶段，如果患者对医生的诊断结论和治疗建议有疑问，而没有得到及时有效的解释，就会继续询问，从而延缓整体会话的进程。如果医生不理会患者的疑虑而强行推进会话，就会造成双方沟通的障碍，表现为沟通过程的不顺畅。如上文例 (3)，医生把会话过程推向治疗建议阶段，患者家属却想对上一阶段的诊断结论进行讨论，询问医生“他是什么病”。面对患者的要求，医生给出诊断结论：“感冒了”。但患者对该诊断不满意，认为医生可能没有发现某些潜藏的疾病，于是提出质疑：“还是感冒了？”医生没有对其诊断结论进行解释，而是继续把会话推向治疗建议阶段。患者家属也不放弃，继续补充症状。此例中，医患双方在会话过程的推进与延缓方面冲突的主要原因是医生解释的缺失。如果医生在给出诊断的同时伴随相应的解释，沟通过程就会更加顺畅。

医患互动过程中，医生不仅要表露权威，证明自己的自信心和观点的不可挑战性，同时也应该体现责任，让自己的结论观点具有可理解性和可观察性。这需要医生对诊断结论的事实推理依据和治疗建议进行及时解释。

患者沟通技巧的缺乏。患者沟通技巧的缺乏也是造成医患沟通障碍的原因之一。医患会话整体结构有六个阶段，每个阶段的互动特点以及需完成的机构性任务不同，患者需要掌握的沟通技巧也不同。例如，医生打招呼之后的病情陈述部分，它是医患会话整体结构中极为重要的一个阶段，此阶段的机构性任务是由患者对自己的疾病症状进行陈述。因此它是医患会话整体结构中少有的由患者掌握主动权的阶段，该阶段允许患者用自己的话语方式进行表达。患者如能掌握本阶段的沟通技巧，充分陈述自己疾病症状的细节和特征，就能使医生据此形成初步准确的判断，该阶段的重要性可见一斑。但如果患者没有掌握良好的沟通技巧，就可能导致其在之后阶段里寻找机会补充信息。这种会话方式会影响医生的情绪和耐心，从而影响患者的心理状态，进而导致双方沟通的不畅快。例如：

(4)(背景：60 多岁女性胃炎患者就医)

医生：你是咋了，哪儿不带劲儿，你说吧。

患者：我是前表性胃炎 =

医生：= 过镜没有，啥时候过哩？

患者：前儿。

医生：在哪儿，在哪儿过哩？

((此处有省略))

医生：那你今儿是吃西药哩，还是吃中药哩？

患者：我还是：：，我又在：，在那儿开哩西药，又在 ((被打断))

医生：你到我这儿准备吃西药哩，还是中药哩？

患者：宋堡那儿开哩 ((被打断))

医生：别哩甭说，别哩甭说。

例 (4) 中，医生询问之后，会话过程进入病情陈述阶段。患者没有详细陈述自己疾病的症状，而是给出一个简单的自我诊断。随后，医生抓住时机转换话轮，从而使会话进入数据搜集的病史询问阶段。患者错失了珍贵的自由表达机会，以至于医生把会话推进到治疗建议阶段时，患者仍然在寻找时机提供信息。这使得讲究效率的医生失去了耐心，反复打断患者的话语，坚持推进会话进程。这是因患者缺乏沟通技巧而导致的会话障碍。

医生为主导的诊疗风格。我国的医患互动属于以医生为主导的诊疗风格，这种诊疗风格体现在很多方面，例如：医生掌握会话的话语主动权，控制双方会话时间的长短和会话过程推进的速度。医生会采用多种方式掌握话语的主动权，打断就是其中的一种。由例 (4) 可见，患者为了补充信息，向医生陈述更多关于疾病的细节，没有遵守医生问句的话题议程。“吃西药哩，还是吃中药哩？”表明患者在病情陈述阶段没有获取充分表达的机会，但医生缺乏耐心听取患者的表达，所以强行推进会话过程到治疗建议阶段。医生也可以通过问句的设计控制话语的主动权。笔者考察发现，不同类型的问句对患者回答的限制是不同的。是非问句、选择问句的限制性比较大，患者只能给出肯定、否定或选择性回答。特指问句对患者的限制性较少，患者可以陈述更多的内容。但调查发现，医生为了快速获取信息，限制患者回应内容的长度，经常使用限制性较高的是非问句和选择问句等类型的问句，而较少使用特指问句，从而达到提高效率、控制话语主动权的目的。以医生为主导的诊疗风格会使医生过多使用自己的权威，减少对患者的倾听、解释说明和对患者的心理关怀等内容，这自然会因患者的不满而导致双方沟通的障碍。

三、克服医患沟通障碍的措施

针对打断，我们建议医生耐心倾听患者的表达，不能仅仅以快速提取有效信息、提高工作效率作为唯一标准。快速完成问诊任务很重要，耐心听取患者心声同样重要。适当给予患者表达的机会虽然会延长会话时间，但能使患者提供更多的细节，消除内心的疑虑，有利于患者身体的康复。医患的沉默也是影响双方沟通的因素之一，但是医患沉默的原因并不相同。一般情况下，医生的沉默是为了拒绝向患者提供更多的解释和说明，而患者的沉默多是对医生某个言语或行为的否定或拒绝。医生工作时间长，劳动强度大，这会导致其失去解释的耐心。因此，当患者对某个问题有疑问的时候，医生可适时给予解释。同时，医生应了解患者的心理，了解患者的沉默多是拒绝态度的表达。在医院这样的会话背景下，患者一般不会直接拒绝，多数会选择沉默的方式。这时医生应了解患者沉默的原因，及时采取补救措施。目前，医患会话的风格多属于医生主导型，这种类型的医患会话表现为医生控制话语权、掌握会话时间的长短和会话进程等特征。这种风格有利于医生快速提取信息、提高工作效率，但会导致患者的参与过少，不利于提高患者来访的满意度。有部分患者就医结束后提出许多不满，例如他们认为医生的诊断是错误的，或者医生开的药太多、太贵。这种不满主要是患者在会话过程中没有获得充分表达的机会，导致其心中的疑虑没有消除、个人的愿望和需求没有实现。因此，我们建议在条件允许的情况下，医生多给患者表达的机会，在适当的环节尽量让其参与到会话中。

医生的打断、医患的沉默、医患沟通过程的不顺畅是医患沟通障碍的显著表现形式；医生解释的缺失、患者沟通技巧的缺乏和以医生为主导的诊疗风格是医患沟通障碍的主要原因。为促进医患互动，改善医患关系，我们建议医生尽量减少打断、沉默和特指问句的使用频率，使患者有更多机会陈述内心深处的疑虑和想法。同时，医生应尽可能多对话语进行解释和说明，多邀请患者参与互动，以增加医生话语的可理解度。

①本节主要参考会话分析学派 Heritage(2010) 的转写系统。“(.)”表示停顿时间较短，不超过 0.2 秒；“(0.0)”表示停顿时间，以秒为单位；“—”下划线表明话语中的明显重音；“：”表明语音延长；“：：”表明延长时间更长；“hhh”表示呼气；“((⋯))”表示对事件的描述；“>⋯<”表示语速较快的话语。

第五节　目的原则下英文访谈节目的会话分析

廖美珍根据对法庭互动话语的分析，将哲学上的目的性原则应用到言语行为分析，提出了一种语用研究和话语分析的新途径——目的原则。目的原则的分析模式为“半机构性”话语分析带来了新的研究方向。本节以目的原则为理论框架，以《艾伦秀》部分节目文字实录为语料，从目的关系和追求目的的会话策略两个方面分析英文访谈类节目中的会话。

电视访谈节目中主持人和嘉宾的会话是以一定的目的为导向的特殊的会话类型，“它同时具备日常会话和机构话语的特点，属于‘半机构性’话语”。以往学者主要从话轮转换、打断现象、中英转码等方面对其进行研究。本节采用目的原则下的话语分析模式，运用定性分析方法，对访谈节目中互动话语的目的关系进行分析；本节运用例证法、归纳法阐述主持人和嘉宾的会话策略。《艾伦秀》是一档十分受观众喜爱的英文访谈类节目，主持人成功地对各领域的杰出人士进行过访谈，为本节的分析提供了丰富且有价值的语言材料。

一、目的原则

廖美珍提出的目的原则是建立在社会学的行动学理论、言语行为哲学以及目的哲学的基础之上，并将哲学上的目的性原则应用到言语行为分析，并探索出一套用于语用分析的目的分析模式。随后，廖美珍将“目的原则”定义为：“任何理性的人的理性言语行为都是有目的的。或者说，任何理性人的理性行为都带有目的的保证——‘交际目的’。说话就是表达目的，说话就是实现目的。”

二、目的关系

廖美珍将目的关系分为三类：目的一致，目的冲突，目的中性。双方目的一致或相似时，会话双方是合作的，一般是问或启动—回应、问或启动—回应—后续。双方目的冲突时，会话双方是拒绝合作的，互动结构复杂，一般会话结构重复和零回应，会话的代价或成本大。双方目的中性时，双方倾向于合作。电视访谈类节目的会话中，三类目的关系都存在，但目的一致的会话所占比例最大，目的冲突的会话所占比例最小。

例 1：Ellen：This movie Still Alice. When did you shoot that? During? Before?

Julianne Moore：Actually…They basically give me three-month off so I stopped to shoot other movies. It is really Amazing.

Ellen：OK，I saw it this weekend.…And it is just brilliant and heartbreaking. Do want to tell about this movie?

Julianne Moore：It’s about a 50-year-old woman who has early-onset Alzheimer’s disease....But it’s also about who we are essentially as human being. You know，in whatever place in our lives，it will end.

在这轮会话中，双方目的一致：向大众传播新电影Still Alice的相关信息，此时嘉宾和主持人双方合作的程度高。电影的情节以及电影所蕴含寓意等相关信息在“问—回应—后续”的简单互动中得到了呈现，会话结构简单流畅，成本低，实现了公认的会话目的，并激发了观众对人生的思考。

三、追求目的的会话策略

（一）主持人的会话策略

1. 提问策略

提问策略的使用是主持人在整个节目中最主要的言语行为，主要是以展开访谈话题和推进话题为目的。以展开访谈主题为目的的提问策略主要是直接提问式。李春姬和魏立将以推进访谈为目的的提问策略总结为四类：求证式，环环相扣式，转述式，边讲边问式。经研究发现，主持人采用求证式的提问策略，有利于控制话语权；环环相扣式，便于访谈主题的步步深入；转述式有利于避免威胁嘉宾面子；边讲边问式，有利于补充相关背景内容，让观众更好地理解访谈主题。

例2：Ellen：When you have spare time，you drive past your ex-boyfriend’s houses. Why?

Taylor Swift：I put it on My space.….That’s very honest about who am I….I’m just checking up on my own…

Ellen：Checking up what their front houses look like?

Taylor Swift：It’s really like public service. See if they are ok.

Ellen：You have unresolved business? You still have crush on them?

艾伦对“When you have spare time，you drive past your ex-boyfriend’s houses. Why?”这个话题提问时采用环环相扣式的提问策略。主持人并未满足于嘉宾简单的回答“I’m just checking up on my own”“See if they are ok.”，而是及时捕捉嘉宾话语中出现的与访谈主题相关的线索，提出新问题“You have unresolved business? You still have crush on them?”达到了向观众进一步挖掘Taylor Swift的感情问题以及对感情的态度的目的，使得访谈主题的步步深入，吸引了观众的注意力并满足了观众的好奇心。主持人采用环环相扣式的提问策略，在多轮的会话互动中实现了把控节目节奏，推动话题的目的。

2. 会话修补

“在目的原则看来，会话修补就是以修正会话目的为目的的言语行为，言语本身离开交际目的不存在修补。”当受访嘉宾给予的信息过多过少、过杂或所给信息偏离主要话题时，或与当前会话所实现的目的相悖时，主持人会采用会话修补策略，包括信息修补、交际修补、语篇修补。以此更好地控制节目讨论的主题，实现预设目的。

例4：Ellen：How successful when you were young and then went through a rocky period. Do you reflect?

Robert Downey Jr.：I actually prefer to this.…Anyway，your life turned out a lot better than it is after，you know，being crazy.

Ellen：Yeah. It’s really amazing. Because your life turns out to be so positive… but you manage to stay not only clear but just like you are fi ring all of it.…So congratulation！

在这段会话中，双方的目的冲突，主持人的目的很明确，引导嘉宾分享其过去那段“吸毒史”，而嘉宾的目的则是回避有损形象的因素。“You have some better ideas.”是对自己前面提到的“rocky period”的信息修补，既挽救了嘉宾的面子，避免彼此尴尬，也顺利推进了话题。紧接着主持人提到“ you manage to stay not only clear but just like you are fi ring all of it”是对嘉宾戒毒所做的努力以及成功戒毒的赞扬，进一步采用交际修补策略，顺利地实现了继续进行互动的目的。

（二）嘉宾的会话策略

1. 提供不足或过量信息

嘉宾对于主持人问题的回答实质是在提供信息。嘉宾在提供信息时会故意违反数量准则，提供不足的信息以隐藏对自己不利的事实；或有选择性地提供信息，减弱对自己面子的威胁。嘉宾也可能提供过量的信息，主动寻求话语表现空间，加强主题，构建良好的自我形象。

例 5：Ellen：So the sixth season premier and another Emmy for the show，it’s such a brilliantly written show. And as I said yesterday，Jessa has got such a heart，it is a great show.

Eric Stonestreet：Thank you very much! We think so and we work really hard to make it good and I know the author work really hard and everybody on the set just really take their jobs serious.

嘉宾提供了超出主持人问题范围的过量信息，可解释为：所有演职人员的共同努力和通力合作造就了这部《摩登家庭》的成功。嘉宾采用提供过量信息的会话策略，主动引出了可以展现自己良好形象的话题，实现了向观众展示自己的杰出才能和优秀品质的目的。所有演职人员当然包括嘉宾本人，通过对所有人努力的肯定，进而从侧面展示了自己的合作精神并且为他人着想的优秀品质。

2. 转移话题

“回避问题即拒绝回答，与回答问题一样，也是一个复杂的行为过程，这其中包括消极拒绝，如直接拒绝回答、部分回答、省略回答；积极拒绝可以是转换话题或重建问题。”在访谈中，若主持人提出的问题过于敏感，或者嘉宾认为问题的答案将威胁到自己的面子，此时嘉宾和主持人的目的处于冲突状态，嘉宾会回避问题。

例 6：Ellen：I know Michael Jackson is a huge inspiration to you and you a huge fan. Do you compare yourself to him in many ways?

Justin Bieber：Michael Jackson was so amazing. I definitely take things from him，my style，dancing and just the way I present myself as an artist.

嘉宾有意回避了自己与迈克尔·杰克逊的比较，而是以将话题转移到迈克尔方面，陈述了迈克尔·杰克逊的演唱事业的辉煌成绩以及他对自己的深刻影响。嘉宾既履行回答问题的义务，又消除了这个富有挑战性问题对自己面子的威胁，向观众展示了自己对前辈的尊重并虚心学习的品质，达到了提高自己的形象的目的。

访谈类节目话语是以目的为导向的，围绕特定任务展开的典型的“半机构性”话语。访谈类节目中不同的目的层次决定了会话的不同组织形式；目的关系对会话的互动有直接影响。在目的原则的支配下，访谈类节目中主持人和嘉宾之间动态的、多样性的对话，都隐含着特定的子目的，双方在采取相应的会话策略实现子目的的同时，也实现了访谈节目的总目的。

第六节　基于会话分析的商务谈判会话修正研究

商务谈判在整个商务过程中扮演着重要的角色。笔者从会话修正的角度入手，对所收集的商务谈判语料进行会话分析。首先对商务谈判中的会话修正从语音、词汇、句法三方面进行语料分析；继而提出导致商务谈判会话修正的主要原因。通过对典型语料的分析与总结，更加明确了商务谈判修正的产生是谈判者双方受到语义、语用、生理、心理等多种因素一起作用的结果，揭示出商务谈判的会话修正机制，并为商务谈判的交际技巧开辟了新的道路。

会话是人类日常交际密不可分的语言现象，但由于其口语化、看似随意性的特点使很多语言研究者望而却步。

对于会话分析的研究，我们主要从话轮转换（turn-taking），相邻对（adjacency pair），优先组织（preference organization），会话修正（repair mechanism）和故事讲述（story telling）等方面入手。本节是从会话修正的角度入手，分析在商务谈判会话中所出现的修正现象。通过对商务谈判修正形式与功能的分类，以及对其会话修正引发的根源进行分类，希望对商务谈判的顺利、有效进行产生推动作用，从而促进商务谈判的双赢。

一、会话修正

最简单地说，修正序列就是以一个修正源，一个可以被构建成问题源的话语开始。我们应该清楚的是任何话语均可转化成一个修正源。此行为可由修正源的讲话者发出，被称为“自我发起修正”，或者由其他人发起这个行为，称之为“他人发起修正”。并且修正本身可以被最初的讲话者完成，称为“自我修正”，或被他人完成，称为“他人修正”。我们可以观察到讲话者有时中断当前的话语重新开始讲话，修正一个明显的错误，或使用一个不同的表达。讲话者还可以利用转换相关处（TRP），也就是在一个话语完成后，发起自我修正。

修正现象尽管经常发生，但在会话交际中却不是一个“有规律”的部分。修正是由理解问题而导致的。交际者有交际问题，并可能以多种方式处理应对，但这些似乎是“未对应”的问题而不是“错误理解”的问题。所以，修正给谈话参与者提供了一个重要的用来实现主观理解的手段。

二、商务谈判中会话修正的形式分类

通过对商务谈判语料的搜集与整理，商务谈判修正主要可以分为三类：语音修正（Phonetic Repairs）、词汇修正（Lexical Repairs）和句法修正（Syntactic Repairs）。从所搜集的商务谈判语料中，我们发现词汇修正出现的频率最高，句法修正的频率次之，语音修正频率出现最低。以下我们将结合典型语料对这三种修正分别进行分析与解释。

（一）语音修正

交际过程中，准确的发音是保证成功语言交际的关键。尤其在商务谈判的过程中，谈判者发音是否准确、声音是否洪亮、讲话语速是否适中以及会话是否流畅等都会影响到谈判双方的交际效果。

（1）吉：下一步该怎么办？

福：我们还需要第四个合伙人参加财团，一家土木工程公司。

罗：→我就这个问题与德国能源设备联合企业和米歇尔公司交换了意见，他们建议把这部分工作交给一家英国公司，就是德纳姆工程公司。

鲍：→什么英国公司？德什么工程公司？

罗：→德纳姆工程公司，他们在塔那库声誉很好，并且他们和当地几家建筑公司签订了大宗合同。

例（1）中，谈判者罗建议了一家英国的土木工程公司，即德纳姆工程公司，由于发音和语速的原因，谈判对方鲍没有听清公司的名称，对公司的名称提出询问，因此罗重新说出了公司的名称，并且进而评价了该公司的声望，从而给对方加深印象，以确保记住这个英国土木工程公司的名称。

（二）词汇修正

由于谈判双方的主要目的是实现相互的理解，我们需要通过恰当的词汇表达避免交流障碍，保证谈判的顺利进行。以下我们就一些主要类型的词汇修正分别进行论述。

1. 同义词修正

任何语言中的同义词都是依赖语境的，绝对相同的词可以说几乎是没有的。在研究中我们发现，虽然同义词的语义相近，但所表达的语义精确度和程度范围存在差异，因而也会构成交际双方的理解偏差，所以需要引起修正。

（2）西：→魏先生，你们能即期装船么？

魏：→“即期装船”这种条款模棱两可，人们对此可以有不同的解释。

西：→这些海味必须赶上冬季销售，这就是我的要求。

魏：→冬季销售？啊，那就是说货物必须在 11 月上旬运到伦敦。

现在已是 9 月下旬了，即使我们货已备齐，也不见得马上就能装走呀！

在语料（2）中，谈判对方魏却不太理解对方所提出的“即期装船”。为了使会话顺利地进行下去，谈判者西进一步对术语进行了自我修正解释了“即期装船”就是要赶上他们的冬季销售，使得谈判对方理解他们的含义，也就是说，“冬季销售”为“即期装船”的同义词修正，这种修正十分有利于语意准确表达的需要，从而保证了会话的顺利进行。

2. 术语解释修正

在会话交际中，专业术语的使用可以表明交际者的用语专业性和精确性，表明对谈判做了充分的准备。专业术语的意义精确、单一，不带有感情色彩，一般不需要借助上下文来理解。例如：

（3）史：→谢谢，李先生，除了您刚才提到的那个证明之外，能否再出一个证书，证明货物没受到放射线污染，好吗？您知道，我们一些顾客对这一点很敏感。

李：您的要求是可以理解的，好吧，我和商检局联系一下，听听他们的意见。

在例（3）中，史先生在谈判中提到了要出具一个“证书”，但他考虑到对方可能并不理解他所提出的证书是指什么，继而进行了自我修正，进一步解释了“证书”是指“证明货物没有受到放射线污染”，从而使谈判对方李先生更容易理解其交际意图，有利于后面对话的进行。专业术语的修正可以使谈判者对专业名词、谈判意图及有效沟通进行科学、准确的表达，也有助于谈判对方更好的理解，以保证交际的顺利进行。

3. 缩略语修正

在商务谈判交际中有时会使用到一些缩略语（abbreviation），缩略语修正主要涉及一些专业名词的缩略。

（4）弗：怎样解决外包装问题呢？

梁：50 打衣服装一箱，毛重一箱 25 公斤。

弗：纸箱？

梁：→是的，水波纹纸板箱。

在例（4）中，弗先生所说的“纸箱”是“水波纹纸板箱”的缩略语，谈判对方梁先生为了更好地表达所说的内容，对缩略语进行了修正，以便于对方的理解。

4. 数字精确性修正

在商务谈判的过程中，谈判者之间经常会与数字打交道，如谈论商品价格、商品数量、商品差价、以及交易时间等。数字的精确性修正在商务谈判中十分重要，它会影响到整个谈判过程的成败关键，甚至影响到交易双方在国际上的信誉，因此，数字精确性修正在商务谈判中至关重要。

（5）海：你瞧，傅先生，我们要求的是全部货款即期支付，因为我们可以担保我们所有产品的机械效率高达 90%，其他供应商能提供同样的担保吗？

傅：→事实上，由于各地气候不同，机械效率很难超过 85%，通常只有 82% 到 83%。

海：我对我们的产品了如指掌。因此我能承诺这么高的效率。

谈判方海斯承诺他们产品的机械效率可以高达 90%，但谈判对方傅先生却对其提出质疑，认为机械效率很难超过 85%，通常只有 82% 到 83%，对数字的精确性进行了修正，旨在确保产品的最终质量。

（三）句法修正

句子是表达完整意义的语言单位，也是人们进行交际的基本语言单位。句法修正是指修改句子的结构层面，通过对所收集的商务谈判语料的整理，我们发现句法修正所出现的频率明显低于词汇修正，下面我们将主要介绍两种句法修正：

1. 语义重复修正

语义重复修正是指，当交际者担心所表达的语义不被对方理解时，将所表达的意思以另一种会话方式表达出来，但语义保持不变。在商务谈判中，为了避免不必要的理解障碍，通常使用语义重复的修正方式，从而便于会话交际的顺利进行。

（6）乔：那么交货的条件如何定呢？

王：→乔治先生，我们只接受不可撤销的信用证条件，根据运输单证支付。在国际贸易中普遍采用这种付款方式。

乔：王先生，开立信用证收费很高。此外，我们还得向银行交押金，这样像我们这样的小公司资金就无法流动。能采用付款交单或者承兑交单吗？

王：很遗憾，我们不能提供例外。我说过，我们不能接受任何其他付款方式。

在例（6）中，王先生提出了他们所接受的付款方式是“不可撤销的信用证条件”，为了便于对方更好的理解，进行了语义复现修正，进一步说明是“根据运输单证支付”，“在国际贸易中普遍采用这种付款方式”。王先生修正的目的是为了让谈判对方更加清楚的了解他的意图，避免概念模糊，确保谈判的顺利进行。

2. 歧义消除修正

歧义是指在句子表面意义的基础上还会让人产生不同的语义理解。它可能由词语本身的特点造成，也可能由听话者的主观理解造成。在商务谈判中，谈判者双方在交际中难免会出现引起歧义的话语，这时说话者或听话者为了谈判的顺利进行需要对引起歧义的话语进行修正，也就是消除歧义修正，从而保证商务谈判的顺利进行。

（7）艾：那好，我认为我们对所有的条款都要有一个统一的认识。你对这一条有什么意见吗？

刘：我觉得这一条很适合我们，但付款期限应延长一点，比如延迟两三个月吧。

艾：→我们的惯例是付款期限为一个月，为了友谊起见，就确定为两个月吧。

刘：难怪你们的商业信誉有口皆碑啊！

在例（7）中，刘先生提出将付款期限延迟两三个月，从谈判的角度讲，这是种模糊的说法，具体是两个月还是三个月，因此为了避免以后出现不必要的麻烦，谈判者艾伦进行了消除歧义的修正，明确了他们的付款期限是两个月，使付款期限确定，保证了商务谈判的精确性。

四、商务谈判中引发会话修正的根源分类

在以上部分，我们对商务谈判会话修正从形式分类的角度对语音修正、词汇修正和句法修正进行了定性分析，通过对典型语料的分析，我们对商务谈判修正有了一个较为全面的认识，

接下来我们从功能的角度对会话中引起修正的根源进行分类，从而更深入的了解商务谈判中所出现的会话修正。

一是对词汇产生理解障碍。在商务谈判中，谈判者双方经常会使用到一些较为抽象的专业术语或特定的缩略语，这些词语不在听话者的知识结构范围内，所以使对方难以理解，或者说话者使用的词语为多义词，可能引起歧义，使听话者产生误解，从而影响到谈判的顺利进行。因此，商务谈判的交际双方在出现词汇理解困难时则会使用概念更加清晰、具体且容易理解的词语表达进行修正，以保证谈判的进行。

二是言语思路的中断与变化。口头的话语交际和书面用语不同，它具有即兴表达和当场表达的特点，因而交际过程中随时会出现讲话计划改变的情况。讲话者在发现了言语错误之后，往往会选择中断当时的谈话，重新构建和组织语言，这就会引发话语重构修正的产生。言语计划的变化会引起话语的重构修正，这正说明了说话者具有对语言的控制能力，继而证明了人类的言语交际行为是一种有目的的行为。

三是用语不当及歧义的产生。在商务谈判中，错误的言语表达会导致严重的后果，小到使谈判沟通不顺利，大到会使整个商务谈判失败。因此当交际双方出现言语错误时，通常由导致言语错误的说话者进行言语错误修正，纠正言语表达，避免不必要的歧义，保证商务谈判的流畅进行。

四是外界及内部干扰。在交际的过程中，如果当时交际环境嘈杂、谈判者谈话距离较远或是由于一些交际者生理、心理等因素也会导致谈判双方的理解产生障碍。在谈判中，有时不可避免地会出现争执，因此当时的谈判环境很可能会导致谈判双方听不清楚对方的谈话内容。有时听话者虽然听清了对方的言语，但可能受到心理因素的影响不确定所听到的内容，需要向对方求证，或者听话者当时注意力并不集中，也需要进行再次询问。

从以上的分类中我们可以得出这样的一个结论，商务谈判修正的产生是谈判者双方在词汇、语义、语境方面并结合交际者生理、心理等多种因素共同作用的结果，对其中的任何一个因素的忽略都可能无法全面揭示商务谈判修正的引发根源。

本节从会话修正的角度入手，对所收集的商务谈判语料进行会话分析，分别从语音、词汇、句法三方面对商务谈判会话修正进行分类阐述；接下来又从功能的角度入手，对商务谈判中引发会话修正的根源进行阐述。在商务谈判中，会话修正起着一种为谈判双方促进协调、改善沟通的作用，从而保证了商务谈判的顺利进行。我们运用会话分析的研究方法，不仅揭示出商务谈判的会话修正机制，还能为商务谈判的交际技巧开辟新的道路。本研究采取了定性分析的研究方法，商务谈判语料的收集并不全面，这也是本研究的不足与局限性。在今后的研究中，我们将希望采用视频语料，这样除了言语信息外，还可以包括肢体、表情等更多的语言特征，从而能更好地揭示出商务谈判交际的规律。

第七节　汉语日常交际中“隐含型”恭维的会话分析

基于150个汉语日常会话中的恭维序列，运用会话分析的研究方法探讨汉语日常交际中“隐含型”恭维的执行方式，发现汉语“隐含型”恭维的执行方式主要有“陈述”“泛指”“类比”“询问”以及“对比”五种。对汉语中“隐含型”恭维执行方式的研究，不仅揭示了实现恭维这一社会行为的重要语言途径，而且补充了不同语言文化中对“隐含型”恭维的探讨，益于加深学界对于恭维这一社会行为的研究和认识。

恭维指言语交际中讲话人明确或含蓄地对听话人表示赞美或进行积极评价的一种言语行为，其赞美或评价的内容是对方的“好”事物，如所有物、特点、技能等。Herbert首次区分了英语中的“明示型”恭维(explicit compliment)与“隐含型”恭维(implicit compliment)。Herbert认为，“明示型”恭维通常具有固定的语言模式，即使离开了特定的语境，“明示型”恭维仍然可以被识别，例如“Terrific presentation this morning”，“I like your hair short like that”。而“隐含型”恭维一般没有明确的积极评价成分或“程式化”的语言结构，交际者需要借助Grice的会话原则推导其中的恭维含义，例如：“I wish I could manage my work like you do”，“Your husband is a very lucky man”。

汉语中的“明示型”恭维与“隐含型”恭维也有研究涉及。例如，Ye认为，汉语中“明示型”恭维一般具有褒义的形容词或者表示喜欢、赞扬等的动词，其恭维意义的表述明确，例如：“你真漂亮”，“我特别喜欢你的新发型”等。没有通过明确的形容词或动词来表达的恭维则为“隐含型”恭维，例如：“我要拜你为师”，“你的表演一定会进入前三”等。从言语行为的角度来看，“明示型”恭维直接表达了交际者对交际对方的赞美，是直接言语行为，而“隐含型”恭维则通过使用一些语言手段间接、委婉地表达对交际对方的赞美与仰慕，是间接言语行为。然而，这些研究只提及“明示型”恭维与“隐含型”恭维的区别，并没有对“隐含型”恭维进行深入系统的探讨。如果“明示型”恭维通过固定的句式执行恭维，那么“隐含型”恭维是通过何种语言方式执行恭维的呢？为什么交际者在执行恭维时选择了此类型的恭维？本节将从会话分析的角度对这些问题进行探讨。

一、研究背景

在过去30多年里，恭维的研究得到了众多学者的关注。其中，Manes&Wolfson研究发现，美国中层阶级使用的恭维语呈现出很强的“程式化”模式，在其收集的686个恭维中，恭维主要呈现出三种句式：(1)NP{is/looks}(really)ADJ；(2)I(really){Like/love}NP；(3)PRO is(really) ADJ NP。注这一研究发现产生了较广泛的影响，并且在之后众多的研究中得到了验证。这些研究大多是对不同语言社团的对比研究。例如：美式英语和南非英语的对比研究，美式英语与波兰语的对比研究，澳大利亚英语与西班牙语的对比研究等。这些研究基本上都认同恭维是由一些固定的句式结构执行的，其词汇选择也通常局限在一定的范围之内。随后，国内学者也对于汉语中恭维语的句式结构展开了研究。李悦娥、冯江鸿认为，普通话中的称赞语通常表现为五种句式：(程度副词)形+名，例如："好球法"；你+动+得+(程度副词)形，例如："你画得真好"；你+(程度副词)形，例如："你真棒"；你+(程度副词)有/是+名，例如："看不出你还是个行家"；(我)+(程度副词)动+(你)，例如："我真羡慕你的嗓子"。这些研究再次证实了 Manes&Wolfson 的发现，即恭维语在语言层面上表现出高度程式化的特征，其行为是通过一些固定的句式结构来执行。然而，恭维的实现途径是否如此有限却也值得我们进一步深究。很明显，之前的研究中并没有过多提及间接实现恭维的方式和途径。Boyle 指出，现有的研究大多只关注了"明示型"恭维，而把"隐含型"恭维完全摒弃在外。Boyle 认为，英语中"隐含型"恭维主要有两种执行方式。第一种是陈述交际对方所做的令人骄傲的事情。例如：

BB：Well yah boo sucks to them anyway because you′ ve worked with Elizabeth Taylor=

MC：=ABSOLUTELY=

电台主持人 Bill Buckley 采访演员 Michael Cashman 时，惊讶地感叹道"You′ ve worked with Elizabeth Taylor！"虽然主持人只是陈述了 MC 和 Elizabeth Taylor 一起工作的事实，但 Elizabeth Taylor 这个家喻户晓的名字意味着成功、财富、魅力等，可以和 Elizabeth Taylor 一起工作便是对 MC 的肯定。因此，主持人通过陈述这一事实执行了对演员 MC 的恭维。第二种执行方式是拿交际对方与大家仰慕的人做对比。例如：

JL：There′ s there′ s one very Andrews Sisterish track

KDL：Smoke Dreams smoke dreams yeah(.)(laughs)thank you oh oh

此例是采访人 James Laker 与加拿大歌手 K.D. Lang(KDL) 的对话。JL 评论 KDL 的新专辑颇有当年 Andrews Sisterish 组合的风范，JL 并没有直接恭维 KDL 而是拿 Andrews Sisterish 与 KDL 做对比，从而间接肯定了 KDL 的专辑风格和其影响力。

Maíz-Arévalo 对西班牙语中的"隐含型"恭维进行了探讨并且发现：西班牙语中不存在 Boyle 提到的"隐含型"恭维的第二种执行方式，西班牙语中的"隐含型"恭维呈现出"提出不相关问题"(asking an irrelevant question) 与"恭维和交际对方相关的第三方"(complimenting a third entity connected to the addressee) 等方式。不可否认，这些研究对于"隐含型"恭维的研究是一个很好的补充，从不同方面探究了不同语言社团中实现恭维可能存在的方式和途径。然而，汉语言语交际中的相关情况又如何呢?

二、研究方法

会话分析。会话分析研究方法是起源于美国 20 世纪 50-60 年代的一种社会学的研究方法。会话分析并不是指任何对于会话的研究，而是一个专门的学派，一种基于真实语料的研究方法。会话分析认为人类的言语交际并不是杂乱无章的，而是有秩序与规律可循的，通过对交际中秩序与规律的探讨，我们可以识别这种客观存在，总结出言语交际中人类用来执行某一行为

所使用的会话常规 (practice) 和 / 或结构模式 (pattern)。

会话分析研究认为，任何一种言语行为 / 社会行为的识别都依赖于交际所在的序列 (sequence)，对当前行为的理解需要在后续的话轮中得到验证。因此，本节对于“隐含型”恭维的分析并不是建立在孤立的话语之上，而是截取了“隐含型”恭维所在的序列进行分析与探讨。

语料说明。为确保语料的真实性与可靠性，本研究采用对自然会话录音的语料收集方式。录音长达 39 个小时，其中包括家庭成员之间的会话，朋友之间的会话以及同学、同事之间的自然会话。我们从录音中截取了 150 个恭维语的序列并依据 Gail Jefferson 转写体系进行了转写。之后，我们对“隐含型”恭维的语料进行具体的分析，得出了以下结论。

三、“隐含型”恭维的执行方式

基于语料与分析，本节发现汉语言文化中主要存在五种“隐含型”恭维的执行方式：“陈述”恭维、“泛指”恭维、“类比”恭维、“询问”恭维和“对比”恭维。

（一）“陈述”恭维

“陈述”恭维指恭维的发出者陈述一个与被恭维者相关的客观事实，此客观事实一般涉及被恭维者“好”的方面，例如被恭维者所做出的贡献、取得的成就、拥有的特点或技能等。“陈述”恭维仅仅陈述事实，而不进行积极评价。

例 (1)

01 A：除了 - 有一门考试，除了那个：除了考试还有论文，

02 然后其他都是考试，只有 - 只有我们专业课 (.)

03 就是南海的那个 - 那门课是 (.) 嗯：写个论文就行 =

04 B：= 哇呀：：难不?

05 A：[其他的

06 B：[你需要复习吗?

07 A：他一直：有 - 有 -(.) ↑不是总共有四：：门，

08 就是那种在教科院上的，

09 B：哦：：=

10 A：= 然后有一门是 - 有一门现在定下来是闭卷，

11 其他 - 其他的应该都是开卷，然后闭卷的这一门是有，

12 应该是有 - 出四个论述题那种，然后〉它就是〈

13 老师说是开放性的，不用那种死记硬背。

14 B：[哦：：

15 A：[就是开放性，我也不知道有什么话 - 话语可以说。

16 B：呵呵：：呵呵：：没关系，

width=11，height=9，dpi=110width=206，height=18，dpi=110

width=11，height=9，dpi=110width=163，height=18，dpi=110

19 呵呵：呵呵。

20 A：哎呀：：：那算啥呀，呵呵 =

21 B：= 呵呵：：=

22 A：= 那就不是。

例 (1) 是两个同学之间讨论期末考试的对话。当 A 同学描述其中一门考试是开放性考试但仍感觉自己无话可说时，B 同学在第 16 行首先通过“没关系”安慰对方，随后发起恭维，B 的“你当年的考试怎么考上的，是吧”形式上是一个问句，而实际上唤起 A 当年考试成功的事实。“从来没写过，照样给它过了”更是恭维了 A 的能力。B 同学的事实陈述实际上是 B 同学对于 A 考试能力的隐含评价和肯定。也就是说，B 同学并没有使用“明示型”的恭维直接赞美对方的考试能力强，而是通过陈述一个既往事实间接称赞了 A 的考试能力。在第 20 行与第 22 行，A 的回应也说明 A 把 B 在 17 与 18 行的话语理解成了恭维，所以我们看到，A 通过“那算啥呀”对 B 的恭维进行了婉拒，也遵循了 Pomerantz 提出的恭维回应语中“避免自我表扬”的社会规约。

（二）“泛指”恭维

“泛指”恭维指恭维发出者在给予恭维时所指的对象并不是被恭维者，而是具有和被恭维者相同或相似特征的一类人。从语言表征来看，恭维发出者看似恭维某一类人，实则是对交际对方进行了隐含的恭维，因为在当前序列中，只有听话人具备与泛指对象同样或类似的“好”的特征。

例 (2)

01 A：老师画的 (.) 这后头的这一株，基本都是淡笔，

02 但是我也给它出了两 zhi 深笔，

03[哈：也表示这两株，=

04 C：[对：：：：靠前一点么

05 A：= 也是靠前一点的，¥ 所以这个是受到老师表扬的 ¥

06 B：太棒了你，学了多长时间你？ =

07 C：width=267，height=18，dpi=110

08 A：哎，不是创造力，完全是临摹老师的，哈哈哈，

09 所有都是临摹老师的，

10 C：最起码 (.) 她能把那笔弄粗，

11 B：对，这就是自己的创造。

例 (2) 是国画兴趣班内几个同事之间的对话。此对话参与者有三人：A、B、C。A 在前一段时间学习了国画，第 6 行“太棒了你”是同事 B 对 A 的明示恭维。第 7 行同事 C 的评价“搞音乐和绘画都是有创造力的人，非常聪明的人”，评价的对象是一类人，即“搞音乐和绘画

的人”。此句中的“都”为语义上表达最大极限的词汇，即我们通常所说的极致表达 (extreme case formulations)，极致表达并不仅仅是描述的基础，而且具有一定的交际目的。此处的极致表达“都”囊括了所有搞音乐与绘画之人，这样的评价是对此类人的统一评价，并没有专门把同事 A 指出来。这样的“泛指”表面上似乎涉及所有从事音乐与会话的人，而实际上却是 C 的隐含恭维。同样，这样的“泛指”也被 A 理解成了对自己的恭维，我们看到 A 在第 8 行回应恭维的话轮中对恭维进行了拒绝，认为自己没有创造力，只是临摹老师而已，同前面例子一样，此回应也遵循了“避免自我表扬”的社会规约。

（三）“类比”恭维

“类比”恭维指恭维发出者将交际对方比作具有“好”的特征的“第三方”，一般而言，此“第三方”一般为交际双方所公认的仰慕对象。在此类型恭维中，恭维发出者并没有直接指出交际对方的“好”特征，而是通过类比的方式间接指出被恭维者具有和“第三方”相同或相似的特征，从而表达了对被恭维者的称赞。

例 (3)

01 A：唉晋未萌？

02 B：嗯？咋啦 [° 小姨°

03 A：[今天：：我看你朋友圈发那个照片。

04 B：嗯，哪：个朋友圈，

05 A：就那个，你是不是在厦门拍的那个照片。

06 B：噢噢，和我同学去厦门玩来，报了个团，

08 B：￥是不是了呀￥，我同学倒是 - 她们有人说过，

09 说是：有点像，

10 A：人家不是说刘亦菲女神级别，女神范么。

11 B：哎呀，我不行，我 - 我和人家差远了，

12 我得好好的 (.) 努力了，

13 tch 呀，不过女的都是靠打扮了，

14 这也没个啥好看不好看的，

15 A：那张 - 那张确实挺不错，特别有感觉看见。

例 (3) 是家庭成员小姨和外甥女谈论朋友圈照片的对话。小姨询问外甥女朋友圈发的照片，并在第 7 行评价外甥女的照片很像刘亦菲。刘亦菲是知名女演员，是大家公认的漂亮知性的代表，小姨说外甥女的照片很像刘亦菲，隐含地对外甥女的外表进行了称赞和肯定，执行了恭维的行为。此例的发现和 Boyle 提到的英语中“隐含型”恭维语的第二种执行方式颇为相似，即指出交际对方和大家仰慕的知名人士所具有的共同特征，从而间接达到恭维交际对方的目的。面对 A 的隐含恭维，B 的“是不是了呀”实际上是对对方“类比”恭维的接受。对恭维的接受暗含了一定的自我表扬，是违背社会规则的。于是 B 通过话论的扩展，增加了一个新

的话论构建成分 (TCU)“我同学倒是 - 她们有人说过，说是：有点像”。这个 TCU 是他人对自己的评价，这个来自第三方的评价让 B 对 A 恭维的接受变得合情合理了。

（四）“询问”恭维

“询问”恭维指恭维发出者通过询问的方式来执行恭维。此“询问”又可分为两种类别：第一种是恭维发出者通过反问句的方式执行恭维的行为，第二种是恭维发出者通过疑问句的方式执行恭维的行为，此疑问句的预设前提是交际对方的“好”的特征，因此，此疑问句同时执行了恭维与询问的社会行为。

例 (4)

01 A：你看别人和你说话哇，你还在那儿一直玩手机，

02 一点 - 一点都没有观念，还有观念了 ?=

03 B：= 唉，这是因为：：一边聊：一边：可以：：=

05 B：↑哎呀，((笑))，￥没有办法￥，天生丽质。

06 A：呵呵呵，我以前别人都说我可白了，

07 现在怎么同学老说我黑了，

08 和她们相跟的她们都打阳伞了，

09 你这：出去打伞了？ =

10 B：= 打了呀。

例 (4) 是两个朋友之间的对话。当 A 注意到 B 的腿又长又白后，在第 4 行发出恭维“你不觉得你的腿可长了，又长又白？”从语法句式来看，这是一个问句，但我们可以从前后的序列中判断出来，此处的问句是由于 A 注意到 B 的外貌特征后发出的恭维，交际者 A 并不是要询问 B 是否觉得自己的腿又长又白，而是对交际对方外貌的恭维。从 B 第 5 行的回应来看，B 没有对 A 在第 4 行的“问句”做出符合形式限定的回答，即 B 没有回答“是”或者“否”，这也证明 B 实际上把 A 的“询问”理解成了对自己的恭维。而且 B 在第 5 行接受了 A 的恭维。由于此问句的发出者实际已知问题的答案，因此此处的问句形式上为反问句，其交际目的是表达交际者的感叹之情，而非寻求问题的答案。此方式属于“询问”恭维执行方式的第一种类别。我们再来看第二种类别。

例 (5)

01 A：你 - 雅思就不一样，有 - 有那样子的娃娃

02° 那样° 我们老师：带的那个学生，

03 英语底子特别差，年纪也特别大了，

04° 88° 年的，但是人家就靠技巧就拿了 5 分，

05 有的人靠纯听都未必拿 > 得了 <5 分，

06 人家靠技巧就拿了 5 分。

07 B：> 是了是了是了 <，嗯：：

08 你这听得懂不如人家会听 ((笑))

09 A：((叹气)) 听得 - 哎，我跟你说，

10 又能听懂，又能加技巧的，

11 那就无敌了° 我跟你说° .

12 B：就是啊，哎呀。

13 A：((叹气))

14 B：嗯 width=222，height=18，dpi=110

16 A：哎呀。> 我给你讲 <,

17 为什么我也不是想的非要回家，

18 尽管经济发展水平也不如那面呀

19° 这些的° ，重点是没有蚊↑子呀，

20 B：((笑)) 你又 [嘚瑟，哎呀：((笑))

21 A：[我只要° 没蚊子° ，

22 我只要没蚊子就行，真的是太怕了。

例 (5) 是两个朋友之间的电话谈话。A 在一家英语培训机构工作，B 是在读研究生。在第 14 行恭维出现之前，两个朋友谈论了雅思考试中听力技巧的重要性。第 14 行的恭维是一个起始行为，交际双方在此结束了关于雅思考试的讨论，B 开始询问 A 在外地的生活状况“你现在每天在那边住得也滋润，吃得也好，美了是吧？”从形式上来看，这是一个疑问句，此问句预设的前提是 A 在外地吃住都很理想的生活状态，此预设的前提是 B 对 A 生活状态的一种恭维，但由于此恭维的内容属于 A 的知识域，B 并不能做出完全的断定，所以此恭维以疑问句的形式出现，它在执行恭维的同时还执行了询问的社会行为，需要对方给予肯定或否定的回答。此处的询问行为在很大程度上降低了恭维的“明示性”，并且同时也避免了将交际对方置于回应“明示型”恭维的两难境地，因此，在第 16 到第 19 行回应恭维的话轮中，A 表达了对现在生活状态的肯定，并没有对恭维做出直接的回应。此类别的恭维是内嵌在询问行为之中的一种社会行为，属于“询问”恭维执行方式的第二种类别。

（五）“对比”恭维

“对比”恭维指的是恭维的发出者在给予恭维时拿自己与交际对方做比较，通过“对比”的方式强调交际对方具有自己所不具备的优势，从而凸显被恭维者“好”的技能、特征等。“对比”恭维是通过贬低自己来抬高交际对方，从而达到恭维的目的。

例 (6)

01 A：你那会：不是试用期就三千多吗，

02 B：谁告你呢试用期三千多，

03 人家那是正式了以后三千多、四千多，

04 有的还有一万的那是正式转正了以后，

05 A：嗯 (0.5)> 那也挺好呀 <，

06 那我们这 -(.)> 死也赶不上你那呀 <，那我去那，

07 起码 (.) 你能如果干上两个月就顶我干一年呢。

08(2.0s)

09 B：唉：：那能咋地了，

10 A：> 你知道吗 width=154，height=18，dpi=110

11 B：哎呀↓，快算了哇，我可不认这。

12 A：你不认这，但是社会认呀。

13 B：唉 hhh.

例 (6) 是两个高中同学之间的对话。A 毕业后在联通就职，B 是在读研究生。此例中的“隐含型”恭维是通过“对比”的方式执行的，A 认为 B 的研究生学历具有很大的优势，将来工作以后也能拿到比自己更高的薪水。然而，交际者 A 并没有直接恭维 B 的学历高或者能力强，而是通过拿自己与对方做比较“你能如果干上两个月就顶我干一年呢。”“我是专科，你是研究生。”A 通过比较自己与对方的薪水，并且拿自己的专科学历与对方的研究生学历做对比，从而凸显出对方的明显优势。此类别的恭维方式“贬低”了自己“抬高”了对方，体现出中国传统文化中“贬己尊人”的思想准则。A 通过“对比”的方式间接地达到了恭维 B 的目的。

通过以上分析，我们可以看出汉语“隐含型”恭维主要有五种执行方式，即交际者可以通过“陈述”“泛指”“类比”“询问”以及“对比”的形式执行恭维的社会行为。此研究证实了恭维实现途径的多样化特征，即恭维这一社会行为的执行并不是单纯地依靠固定的句式和具有积极意义的词汇实现的，实际上交际者可以利用不同的语言表征与方式实现恭维。由于之前的研究大多基于非真实语料，加之“隐含型”恭维大多是通过间接的方式执行恭维的行为，区别于众多研究中“明示型”恭维直接执行恭维的方式，因此忽略了真实交际中恭维实现的多种途径。概括而言，“隐含型”恭维不仅具有特定的执行方式，而且具有特定的交际功能。

Manes&Wolfson 在最初的研究中认为恭维具有维护和谐人际关系的交际功能。Wolfson 在之后的研究中进一步指出，不管是哪种类型的恭维，其出现都是为了增进交际者之间的社会关系。然而，对回应者而言，恭维行为执行后会让回应者处于两难境地。Goffman 曾指出，“面子”是人际交往中的一个核心概念。面子与“情感”紧密相连。在人际交往中，交际双方都有面子需求，即双方都希望自己的面子得到对方的尊重或维护。交际者的面子主要包括两类：积极面子和消极面子。积极面子是希望得到别人的认可、赞同或喜爱的心理需求；消极面子是不希望别人强加于自己，自己的行为不受别人干涉或阻碍的心理需求。虽然面子得以维护是交际双方共同的心理需求，但恭维这一行为会威胁恭维回应者的消极面子，因为被恭维后，交际对方需要做出回应，接受或者拒绝恭维。由于受到“避免自我表扬”的社会文化规约或“谦虚准则”的制约，回应者一般不能接受恭维，而要拒绝或者回避恭维，这在一定程度上

干涉或限制了回应者的行为，因而威胁到其消极面子。然而，如果回应者拒绝或者回避恭维，就不能与恭维执行者保持一致，即违反了“一致准则”，也在一定程度上威胁到恭维执行者的积极面子。正如 Pomerantz 所言，恭维的回应同时受到与恭维执行者保持一致的“一致准则”和避免自我表扬的“谦虚准则”的制约，这使得恭维回应者处于两难的境地。

与“明示型”恭维相比，“隐含型”恭维的执行方式更有利于回应者避开两难困境。本研究发现的五种“隐含型”恭维在其本质上执行的都是表扬、称赞对方的行为，也就是说这五种执行方式最终执行的社会行为是恭维，但在语言层面却呈现出不同的方式。在言语交际中，交际者要理解会话所执行的最终行为，首先要了解其“字面用意”，然后从“字面用意”再推断其最终的行为。对此类社会行为进行回应时，交际者一般会识别最终的行为并对其进行回应，但在某些特定情况下，回应者也可以选择回应语言层面所表现出的行为，从而避开对最终的社会行为进行回应。此论述在本节的研究语料中也得到了证实。文中“隐含型”恭维虽然最终执行的是恭维，但都是通过表面上执行另一种行为 (如陈述、询问、对比等) 间接实现的。这样的执行方式使回应者有机会选择只回应表面的行为，从而避免对恭维做出回应，也就避免了陷入回应中的两难境地。如例 (5) 中，同学 B 以询问的方式恭维同学 A 的生活状态，A 在回应中表达了对现有生活的满足，只对 B 的询问进行了回答，却没有明确表示接受恭维还是拒绝恭维，避免了自我表扬的同时也保持了和交际对方观点的一致。因此，“隐含型”恭维执行方式大大降低了对交际双方面子的威胁，有利于双方和谐社会关系的维护。

综上所述，“隐含型”恭维具有其特定的执行方式和交际功能。“隐含型”恭维可以被认为是一种间接的社会行为，它的存在降低了恭维发出者被否定的风险，同时也淡化了恭维接收者被抬高的意识。因此，在特定的会话序列中，“隐含型”恭维更恰当、更得体地执行了恭维这一社会行为，其重要性毋庸置疑，值得更多学者的关注与探究。

第八节　会话分析理论视角下的公益微博话语结构研究

微博是机构组织与公众在网络互动中进行信息交流的良好媒介。本研究对以“微公益”为账号的公益微博平台，在 2014 年 2 月至 2015 年 2 月一年间发布的微博中抽取 219 条文本作为研究对象，考察该公益微博与公众的对话现状。研究发现，定位为微博求助与救助交流互动平台的“微公益”，为成功实现公益微博话语导向功能，话语情感表达强烈，采用草根化叙事风格报道公益信息，而理性评价淡化；会话中受众对公益组织的回复即毗邻结构较多，但公益组织对公众评论中的提问和关注缺乏回应话轮。在此基础上提出改进公益微博话语结构，促进公益理念传播的对策，为公益微博平台的话语建设发展提供参考。

从 2014 年以来，中国公益事业不断发展，从呼吁公众关注 ALS 的冰桶挑战到鲁甸地震社会组织的有序参与救援，再从新环保法明确公益诉讼资格到政府民间共促《慈善法》，公众对公益事业参与度日益增加。而公益机构微博（以下简称公益微博）模式自下而上，在促进社会公益事业中发挥着重要作用。

中国公益微博研究目前处在初步发展阶段，关注新媒体公益传播研究的文章数量非常有限。研究重点是传统媒体与新媒体公益传播比较研究，公益微博发展模式和监管面临的困境，以及如何通过完善制度等行政管理手段来加强对微博公益的监督和扶持。前人研究多重视新媒介优势、制度监测管理探讨，忽略了话语文本分析。新浪官方微博“微公益”开通于2011年4月19日，其自身定位微博求助、救助交流平台。截至2015年3月1日，共发布微博6269条，已有粉丝超过212万人。账号影响广泛，具有代表性。已有学者对该账号的微博传播效果进行了研究，但并未对公益微博的语言风格与话语策略进行深入分析。鉴于此，本研究选取以“微公益”为账号的公益微博平台上发布的微博文本及网友的会话作为研究语料，利用会话分析理论中的会话结构、话轮、毗邻应对来分析公益微博组织与公众的话语特点，并提出如何促进公益理念传播的话语策略。

会话分析理论会话分析源自民族方法论，也被认为是一种社会学的研究路线，即Sacks等会话分析者从社会语言学的观点出发，利用民俗方法论的研究方法对一定社区的社会成员平常琐碎的会话进行系统研究。他们深入研究了社会活动中人们所遵循的语言规则，具有一定交际目的的口头和书面言语交际单位的结构特点，如会话结构模式、话语类型、语义特点、语言风格及话语策略等。会话分析中，话轮是会话结构的基本元素。话轮及其分配规律一直是会话分析的重要课题。话轮转换理论(turn-taking system)，旨在研究会话是如何开始、发展和结束；话题是如何建立、维持、发展和转换的；人们怎样安排自己的对话，有何目的和意图等。该理论包括话轮构成部分和话轮分配部分，前者探讨话轮的基本结构，后者研究说话者如何指定下一个说话者。会话分析反映的是话语和社会的关系，将语言看作社会行为和社会事实，将话语分析拓展至人类学和社会学分析的范畴。

作为人类交际的媒介，话语方式可以是多种多样的。微博话语文本是网络语言的一种表现，集文字、符号、图片、视频为一体的多模态电子话语方式。公益微博开辟了组织与公众对话的一种新的途径。如何构建公益微博与公众的对话可以从这三个维度展开：认知(cognition)、态度(attitude)和行为(behavior)。行为即网民浏览微博之后的实际行动，却在内容分析中无法体现，所以只能把线上的评论、提问与转发等行为，作为公众对“微公益”认知和态度的分析指标。

语料方面，公益微博语言有现成的语篇文本，可收集的资源数量庞大，能随时下载，并能查阅以往的记录，满足了语料可靠性和有效性的要求。

“微公益”微博会话结构分析本节研究的对象仅限制于话题下评论的跟帖。对从2014年2月1日到2015年2月28日的一年间，在新浪微博中参与“微公益”账号的公益传播的网友所发出的跟帖进行定量研究。由于微博数量和回复量较大，本研究采用系统抽样方法，按照时间顺序，即抽取每月第1条、第11条、第21条、第31条等微博，总计220条。其中有1条微博内容被作者删除，因此实有样本共计219条。

2.1话题在会话分析中，如果说话轮是形成会话结构的外部枢纽，那么，话题就是深层纽带，是会话交谈中的实质内容。夏雨禾将微博上的话题定义为：只有被转发或被评论的“话头”，才可以成长为话题。这里的“话头”即会话结构分析中的开头部分。

话题可分为老人妇女儿童、扶贫扶孤助残、正能量事迹等10类。其中表格中的“其他”类别包含生活小贴士，人生感悟、名言等。除去这一类，最多的是关于“扶贫扶孤助残”和“老人妇女儿童”，其次是“英雄、劳模事迹”、“环境保护”。“微公益”选择发布的微博，首先来自于人们身边微小的社会需求、救助及突发灾害，借用微博这个平台上做公益；其次鼓励激发人们通过自己细小的行动表达爱心、传递爱心。如果将“老人妇女儿童”、“扶贫扶孤助残”、“寻人”、“卫生医疗”与“突发事件播报赈灾”相结合，统计结果为132条，占总数的60.3%，体现了“微公益”平台的性质，即以公益活动报道为主的，开展微博求助与救助的交流互动平台。

话题表现形式自140字的微时代开始，网络信息带有碎片化、浅层化的特点，仅用简单的文字呈现，无法对信息进行更直观的描述。我们将219条的公益微博会话开头话题也进行了划分。

通过数据可以发现，转发类别的条数略高于原创的条数，转发并未单纯转发，增加了文字内容，如2014年12月27日的博文，转发明星对捐款方式提问的微博，表达感谢和欢迎的同时，添加了公众善款捐赠的方式，以及捐助项目的进程以及善款使用的情况，表达了欢迎公众监督的意愿。“微公益”原创与转发微博数几乎相等。“微公益”不仅集众家之长，也积极将自家公益平台上的项目推广出去，以期获得更多的关注与支持。“微公益”文本内容表现形式，以文字为主，配以图片、网页链接为主的消息发布格局也已形成。研究中除了6条是“文字+转发”的形式，仅占总数的2.7%，其余213条的公益微博信息内容都是以图文等多模态形式发布，见表3。

原创信息中多以“文字+图片+网页衔接”的形式，共有59条，占26.9%。该平台内容以发布求助与救助为主要目标，受众可以点击网页链接，对事件报道进行深度阅读。如2014年2月18日发布的一条类别为“正能量事迹”的博文，关于河南小伙耿斌摘除眼球捐角膜的感人事迹，文本中含有网页衔接，连接到阳光网对该事件的详细报道。由于受到140字的微博篇幅限制，在平台上通过这种网页衔接的方式，间接扩大了文本的内涵，在当前整个社会提出全面践行和培育社会主义核心价值观背景下，宣传人与人之间的友善的话语目的清晰明白。因为微博覆盖面广，传播快，但又受到篇幅限制，这种用衔接的方式将“微公益”的公益项目内容完整的展现给了公众。

本研究另外统计了图片中的表情符号在公益微博内容发布中的使用。社会互动论所强调的表情符号在该公益微博上被使用58条。本研究考察的是“微公益”平台的微博内容形式，所以表情统计以原创内容为对象，被转发里内容出现的表情暂时不统计。尽管在新浪微博消息发布功能中具有添加表情的功能，但总体来看，在各种消息发布形式中，“内容+表情”

的形式有，但并不高 (26.5%)。就此看来，由于技术手段的介入，微博平台的互动与现实社会的人际互动之间差异又是十分明显的。

毗邻应对毗邻应对 (Adjacency Pair) 是指一对语义内容紧密相连的话轮，会话双方各说一次话所形成的对子。开首语句是毗邻应对的引发语，而紧随其后的语句是应答语。根据表 3，我们看出在 219 条的公益微博会话文本中，对话题做出回应的表现形式中，转发有 41696 条，评论有 9200 条，点赞有 42742 条。我们把这些回复都看成是会话结构中的毗邻应对话轮。

在“微公益”会话中，网友对博主发出的消息做出的回应话轮居于主导地位，而博主对网友的问题回复话轮缺乏。例如，在 2015 年 2 月 2 日公益平台上发布的题为“【求助：驻马店菜农大量西芹滞销！】”的求助信息，评论中有几个网友提出的问题，见例 (1)。到本研究语料搜集截止，都未发现博主进行解答。

例 (1)：1. 加油 MissRing：应该怎么帮？转给媒体帮下吧！ @ 经视直播官方微博 ?@ 楚天都市报

(2 月 2 日 16：49)

2. 大帅家：怎么帮？ (2 月 2 日 16：12)

在该微事件的原文微博中，博主只是列出了联系电话号码，如果想帮忙的热心网友就只有通过公布的电话号码与菜农联系。而更为有效贴心的方式应该是，公益机构在网友的问题中直接进行回复，或者对该事件的发展情况进行跟踪报道，并同时在话头即开头文本中以 @ 的形式解答网友的疑问，既解决了问题又拉近了与网友的距离，达到良好的互动效果，促进公益活动的发展。

根据以上的毗邻应对会话分析，我们看出在“微公益”交际平台上大部分公益微博贴仍是单向的信息发布，主动发起的与网友间的交流虽有但极少，互动的意识依然淡薄。网友对“微公益”的活动评论较多的是正面评论，如对微博内容“顶”或竖大拇指，单纯转发支持，表 3 中显示转发与点赞的次数就有 84438 次。网友对公益微博的总体评价趋向于正面，对网络公益事业传播与发展持积极态度；除了较为常见的询问捐款地址外，我们也发现网民对具体公益项目及活动的探讨、疑问、分析较少。

文本语言风格首先，句子简洁、口语化。情感表达强烈而理性评价淡化。多出现“帮帮他 / 她吧”、“请帮助他 / 她”、“为他 / 她加油”、“请转发扩散”、“为爱接力”等字眼。饱含温情的语言使受众感受到文字背后的人文关怀。如“微公益”于 2014 年 3 月 27 日发布的题为“【救救叙利亚的孩子，一分钟见证战争的伤痛】”的原创博文，其描述方式凝练、直白，饱含感情：

例 (2)：曾经，她天真无邪、纯真快乐，每一天都幸福满满；因为战争，恐惧、无助，成为她生活的主旋律，美好的事物被无情的炮火演化为一场场噩梦；谁能听见她心底的哭泣，我们渴求和平，远离战争，还孩子们美好快乐的幸福生活！（视频）

基于新浪 140 字符的发布限制，微博公益传播在内容上很少采用复杂的语言结构。语言风格上，兼具理性传播与人文关怀，采用草根化叙事风格，读来犹如奔走相告般的表达对弱势群体的同情与痛心，号召受众关注弱势群体的困境。这段文本使用短句，如“战争，恐惧、无助，成为她生活的主旋律”、四字结构，如“渴求和平，远离战争”，整体上看，内容极具感染力、语言极具动员性。所以在短短的2小时之内就有评论521条，转发1421条，点赞970条。

其次，特殊符号的适当应用。有限的字数内不仅要清晰表达观点，更要引起读者的关注，如核心信息以“【 】”凸显公益信息分类或小标题。例如语料中2014年4月11日公益平台发布的以“【四川发生4.5级地震】”为题的突发事件信息，使受众能够快速了解所传递的信息。再如2014年8月7日，发布了以“# 鲁甸有你救有力量 #”为标题的公益活动内容，使用话题标签符号突出公益内容的核心话题等。

“微公益”信息传播会话结构改进的对策思考基于以上的分析，我们可以看出作为新浪官方微博平台之一的“微公益”账号的会话结构：首先，符合其定位为微博求助与救助交流的平台性质；其次，为成功实现公益微博话语导向功能，话语情感表达强烈，采用草根化叙事风格报道公益信息，而理性评价淡化；会话中受众对公益组织的回复即毗邻结构较多，但公益组织对公众评论中的提问和关注缺乏回应话轮。

社会中的公益需求会一直存在，公益与微博的结合，怎样才可以更加完善？除了公益机构加强自身机制管理之外，我们也需要对公益微博话语呈现方式以及舆论导向进行不断改进，实现公益信息交流顺畅。

首先，增加有序的互动话语策略。公益微博的话题发话人与参与者不一定要达成一致意见，对话不是为了说服，而是一个开放、协商的互动过程，从而促进互联网交互状态下的微公益形式能够充分发挥微小个人的作用。鉴于此，公益微博上须提高博主与参与者的互动。

为激发受众的关注与参与，除了采用追踪该事件的方式并及时将信息告知受众，使之了解公益项目的进程外，可以通过在微博上发布提问贴来激发与受众的会话，例如可以依据当时社会出现的现象引出一些接地气的话题，借以邀请公众的参与评论，在公众的参与中才能更好地了解他们的心声，从而有助于互动策略的改进。通过直接回复公众的评论来创造应答语，或者通过@指定的人来引发对话，利用明星效应和意见领袖的影响等都可以加强互动话轮，避免只是“转发”或“点赞”的互相捧场，多创造具有实质意义的对话回路，实现公益信息交流通畅。并及时地将线下公益活动开展情况在微博中进行传播，让公益在互联网环境下更加公开和透明，吸引更多受众，促进公益事业的全面发展。

其次，保证公益信息图片的质量。微博作为载体，往往受限于字数，仅是文字方式的公益微博的发布，未免给人简单、碎片化的感觉。为了解决此局限，也满足受众对于事件背后的背景喜欢挖掘的心理，“微公益”在公益的微博传播中，有很大比例是采用文字和图片两种传播方式，并通过加载超链接或者视频短片等方式，将整个事件的来龙去脉、舆论上的讨论等较为全面地呈现给大众，并给予深入分析和研究。

当下，更多的受众往往有“无图无真相”的心理，因此对于图片更加有信任度。但是图片具有煽情特质，容易放大某一方面的细节而忽视其他内容，而且图片在某些情况下，没有把完整的背景呈现出来，或者没有在时间维度上具有连续性，往往会造成“管窥一豹”的效果，所以某些情况下更容易产生误导。再加上网友“看图说话”，不自主的就加入了个人对图片的理解，进行了误传，这样的危害反而更加严重，因此图片的使用规范更需要传播主题的谨慎，需用最少的文字概括出要表达的中心思想和图片要表达的信息。

结语公益微博平台是近年才兴起的，在救助信息的发布、事件的解决速度和效率等方面具有传统媒体所无法比拟的优势。但泛滥的微博公益求助、求救信息有可能导致受众的审美疲劳与爱心疲惫，不能促进公益项目的持久发展。在这个快节奏下的“互联网 +”时代，如何能够长久的吸引公众并动员其参与而并非只是带来眼球，这是公益微博传播者都面临的一个难题。信息不等于具有传播价值，在这个“自下而上”的独特的微博公益平台上，因其涉及面广、敏感度高、传播速度快，其话语呈现方式是否得当至关重要。

本案例研究仅仅是对一个“微公益”微博账号进行初步探讨，具有局限性。对公益微博从会话分析视角进行描述性分析，也远远未能揭示出公益微博如何有效地与公众展开互动的关键性因素。关于公益微博话语结构以及舆论导向话语策略的探索还需要从公益传播主体、传播效果等方面进行更深入、更系统的研究。

参考文献

[1] 何兆熊 . 话语分析综述 [J]. 外国语，1983(4)：5-10.

[2]Widdowson，H.G.Discourse Analysis[M].Shanghai：Shanghai Foreign Language Education Press，2012：5-8.

[3]Potter，J.Discourse Analysis as a Way of Analyzing Naturally Occurring Talk[M]//D.Silverman.Qualitative Research.London：Sage，1997：144-160.

[4]Wood，A.L.&Kroger，O.R.Doing Discourse Analysis：Methods for Studying Action in Talk and Text[M].Shanghai：Shanghai Foreign Language Education Press，2008.

[5]Gee，P.J.An Introduction to Discourse Analysis：Theory and Method[M].Beijing：Foreign Language Teaching and Research Press，2000.

[6]Renkema，J.Introduction to Discourse Studies[M].Shanghai：Shanghai Foreign Language Education Press，2009：59.

[7]Leech，G.N.Principles of Pragmatics[M].London：Longman，1983：12.

[8]Dooley，A.R.&Levinsohn，H.S.Analysing Discourse：A Manual of Basic Concepts[M].Beijing：Foreign Language Teaching and Research Press，2008.

[9]Longacre，E.R.The Grammar of Discourse(2nd edition)[M].New York：Plenum，1996：7.

[10]Fairclough，N.Discourse and Social Change[M].Cambridge：Polity Press，1992.

[11]Martin，J.R.Close Reading：Functional Linguistics as a Tool for Critical Discourse Analysis[M]//Wang Z.H.Critical Discourse Analysis/Positive Discourse Analysis.Shanghai：Shanghai Jiao Tong University Press，2000：158.

[12]Van Dijk，A.T.Critical Discourse Analysis[M]//D.Schiffrin，D.Tannen，E.H.Hamilton.The Handbook of Discourse Analysis.Oxford：Blackwell，2001.

[13] 何兆熊 . 新编语用学概要 [M]. 上海：上海外语教育出版社，2000.

[14]Grice，H.P.Logic and Conversation[M]//Martinich，A.P.The Philosophy of Language(3rd edition)[M].Oxford&New York：Oxford University Press，1996：156-167.

[15]Searle，R.J.Expression and Meaning：Studies in the Theory of Speech Acts[M].Beijing：Foreign Language Teaching and Research Press，2001：30-57.

[16]Thomas，J.Meaning in Interaction：An Introduction to Pragmatics[M].Harlow：Pearson Education，1995.

[17] 姜望琪 . 当代语用学 [M]. 北京：北京大学出版社，2003：208.

[18] 詹全旺 . 话语分析的哲学基础——建构主义认识论 [J]. 外语学刊，2006(2)：14-19.

[19] 施旭 . 文化话语研究 [M]. 北京：北京大学出版社，2010.

[20] 何兆熊 . 语用学 [M]. 上海：上海外语教育出版社，2011：123.

[21]Fairclough，N.Language and Power[M].London&New York：Longman，1989：109.

[22]Levinson，C.S.Pragmatics[M].Beijing：Foreign Language Teaching and Research Press，2001：287.

[23] 刘运同 . 会话分析学派的研究方法及理论基础 [J]. 同济大学学报：社会科学版，2002(4)：111-117.

[24] 施旭 . 话语分析的文化转向：试论建立当代中国话语研究范式的动因、目标和策略 [J]. 浙江大学学报：人文社会科学版，2008(1)：131-140.

[25] 冉永平 . 语用学：现象与分析 [M]. 北京：北京大学出版社，2006：9.

[26]Halliday，M.A.K.&Hasan，R.Language，Context，and Text：Aspects of Language in a Social-semiotic Perspective[M].Beijing：World Publishing Corporation，2012：45-46.

[27] 何自然 . 新编语用学概论 [M]. 北京：北京大学出版社，2009.

[28]Fairclough，N.&Wodak，R.Critical Discourse Analysis[M]//T.Van Dijk.Discourse as Social Interaction.London：Sage，1997：258-285.

[29]Wolff.P.R. 哲学概论 [M]. 郭实渝等，译 . 桂林：广西师范大学出版社，2005.

[30]Yule，G.Pragmatics[M].Shanghai：Shanghai Foreign Language Education Press，2000：72.

[31] 涂纪亮 . 现代欧洲大陆语言哲学现代西方语言哲学比较研究 [M]. 武汉：武汉大学出版社，2007.

[32] 笛卡尔 . 第一哲学沉思集 [M]. 庞景仁，译 . 北京：商务印书馆，2012：17.

[33] 陈嘉映 . 语言哲学 [M]. 北京：北京大学出版社，2006：13.